Projeto LUMIRÁ

HISTÓRIA 2

Organizadora: Editora Ática S.A.
Obra coletiva concebida pela Editora Ática S.A.
Editora responsável: Heloisa Pimentel

Material de apoio deste volume:

- Cartonados e adesivos

editora ática

editora ática

Diretoria editorial
Lidiane Vivaldini Olo
Gerência editorial
Luiz Tonolli
Editoria de Ciências Humanas
Heloisa Pimentel
Edição
Regina Gomes,
Thamirys Gênova da Silva e Mariana Renó Faria (estagiárias)
Gerência de produção editorial
Ricardo de Gan Braga
Arte
Andréa Dellamagna (coord. de criação),
Talita Guedes (progr. visual de capa e miolo),
Claudio Faustino (coord.),
Eber Alexandre de Souza (edição);
Lívia Vitta Ribeiro, Luiza Massucato e Casa de Tipos (diagram.)
Revisão
Hélia de Jesus Gonsaga (ger.),
Rosângela Muricy (coord.),
Ana Paula Chabaribery Malfa, Gabriela Macedo de Andrade,
Luís Maurício Boa Nova e Patrícia Travanca;
Brenda Morais e Gabriela Miragaia (estagiárias)
Iconografia
Sílvio Kligin (superv.),
Denise Durand Kremer (coord.),
Sara Plaça (pesquisa),
Cesar Wolf e Fernanda Crevin (tratamento de imagem)
Ilustrações
Estúdio Icarus CI – Criação de Imagem (capa),
Theo Szczepanski, Angelo Abu, Vicente Mendonça,
Weberson Santiago, Mozart Couto, Evandro Luiz
Fabiana Salomão e Rubem Filho (miolo)

Direitos desta edição cedidos à Editora Ática S.A.
Avenida das Nações Unidas, 7221, 3º andar, Setor A
Pinheiros – São Paulo – SP – CEP 05425-902
Tel.: 4003-3061
www.atica.com.br / editora@atica.com.br

Dados Internacionais de Catalogação na Publicação (CIP)
(Câmara Brasileira do Livro, SP, Brasil)

Projeto Lumirá: história : ensino fundamental I / obra coletiva concebida pela Editora Ática ; editor responsável Heloisa Pimentel. – 2. ed. – São Paulo : Ática, 2016.
Obra em 4 v. para alunos do 2º ao 5º ano.

1. História (Ensino fundamental) I. Pimentel, Heloisa.

16-00039 CDD-372.89

Índice para catálogo sistemático:
1. História : Ensino fundamental 372.89

2017

ISBN 978 85 08 17858 2 (AL)
ISBN 978 85 08 17859 9 (PR)

Cód. da obra CL 739152

CAE 565 941 (AL) / 565 942 (PR)
2ª edição
3ª impressão
Impressão e acabamento
A.R. Fernandez

Elaboração de originais

Elaine Ricci Pedroso

Licenciada em Pedagogia pela Universidade São Judas Tadeu (USJT-SP)
Pós-graduada (*latu sensu*) em Neuroeducação pelo Centro Universitário Ítalo Brasileiro (UniÍtalo)
Professora do Ensino Fundamental da rede particular de ensino de São Paulo (SP)

Tathiane Gerbovic

Licenciada em História pela Faculdade de Educação da Universidade de São Paulo (USP)
Mestra em História Econômica pela Faculdade de Filosofia, Letras e Ciências Humanas da Universidade de São Paulo (USP)
Doutoranda em História Econômica pela Faculdade de Filosofia, Letras e Ciências Humanas da Universidade de São Paulo (USP)
Editora e elaboradora de livros didáticos

Marianka Gonçalves Santa Bárbara

Licenciada em Letras pela Universidade Federal de Campina Grande (UFCG-PB)
Mestra em Linguística Aplicada pela Pontifícia Universidade Católica de São Paulo (PUC-SP)
Professora da Cogeae-PUC-SP

Projeto LUMIRÁ

ESTE É O SEU LIVRO DE
HISTÓRIA DO 2º ANO.

ESCREVA AQUI O SEU NOME:

____

____

ESTE LIVRO VAI AJUDAR VOCÊ A PENSAR SOBRE TUDO O QUE JÁ SABE, A INVESTIGAR O MUNDO, A QUESTIONAR O QUE VAI APRENDER E A DESCOBRIR MAIS SOBRE SUA HISTÓRIA, SUA FAMÍLIA, SUA ESCOLA, SUA RUA, SEU BAIRRO E MUITOS ACONTECIMENTOS DO PASSADO.

BOM ESTUDO!

CARO ALUNO

VOCÊ ESTÁ COMEÇANDO SEU ANO ESCOLAR. AO LONGO DESSE TEMPO, VOCÊ VAI APRENDER COISAS NOVAS E IMPORTANTES PARA SEU DIA A DIA E PARA O FUTURO, COMO:

- LER E ESCREVER, RECONHECENDO PALAVRAS, SONS E TEXTOS;
- IDENTIFICAR NÚMEROS, OPERAÇÕES E FIGURAS;
- CONHECER O CORPO HUMANO, OS ANIMAIS E A NATUREZA;
- DESVENDAR O LUGAR EM QUE VIVEMOS;
- ENTENDER A HISTÓRIA DAS PESSOAS E DAS CIDADES.

O **PROJETO LUMIRÁ** VAI SER SEU COMPANHEIRO. NELE VOCÊ VAI ENCONTRAR TEXTOS, ATIVIDADES, JOGOS, ILUSTRAÇÕES E FOTOGRAFIAS MUITO INTERESSANTES. VOCÊ VAI APRENDER, PARTICIPAR DAS DESCOBERTAS E SE DIVERTIR MUITO.

BOM ESTUDO!

COMO É O MEU LIVRO?

ESTE LIVRO TEM QUATRO UNIDADES, CADA UMA DELAS COM TRÊS CAPÍTULOS. NO FINAL, NA SEÇÃO **PARA SABER MAIS** HÁ INDICAÇÕES DE LIVROS, VÍDEOS E *SITES* PARA COMPLEMENTAR SEU ESTUDO.

ABERTURA DE UNIDADE

VOCÊ OBSERVA A IMAGEM, PENSA EM TUDO O QUE JÁ CONHECE E TROCA IDEIAS COM OS COLEGAS.

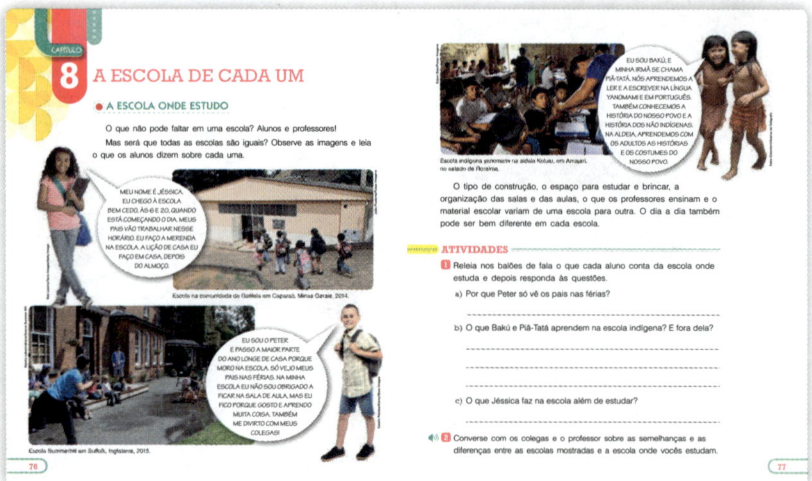

CAPÍTULOS

TEXTOS, FOTOGRAFIAS E MAPAS VÃO MOTIVAR VOCÊ A PENSAR, QUESTIONAR E APRENDER. HÁ ATIVIDADES SOBRE CADA TEMA. NO FINAL DO CAPÍTULO, A SEÇÃO **ATIVIDADES DO CAPÍTULO** TRAZ MAIS EXERCÍCIOS PARA COMPLETAR SEU ESTUDO.

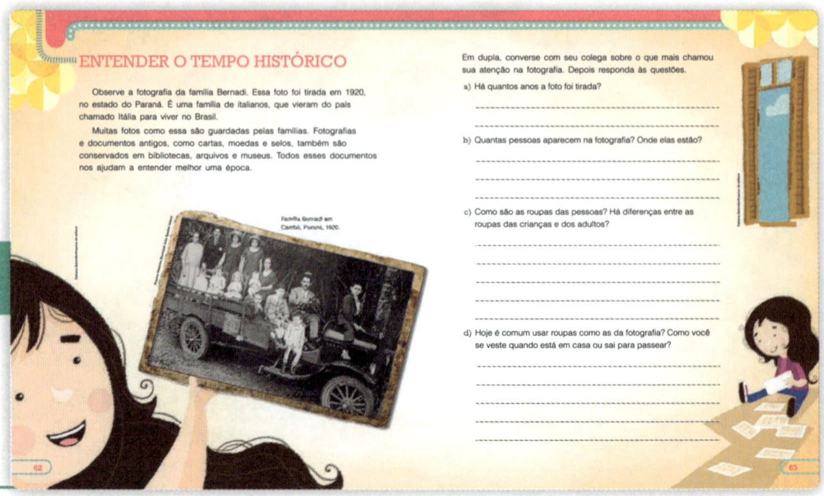

ENTENDER O TEMPO HISTÓRICO

ESTE É O MOMENTO DE DESCOBRIR O QUE ACONTECEU NO PASSADO POR MEIO DO ESTUDO DE IMAGENS E TEXTOS.

ÍCONE

ATIVIDADE ORAL

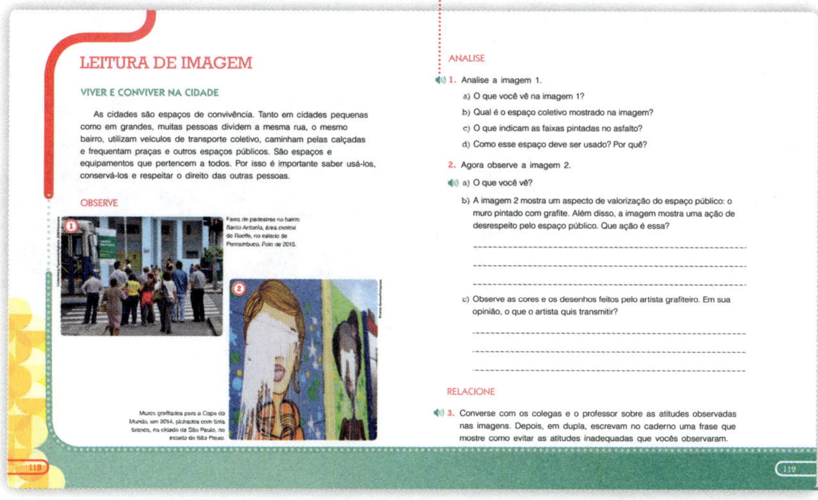

LEITURA DE IMAGEM

NESTA SEÇÃO VOCÊ VAI TRABALHAR COM IMAGENS. AS FOTOGRAFIAS AJUDAM VOCÊ A REFLETIR SOBRE OS TEMAS ESTUDADOS.

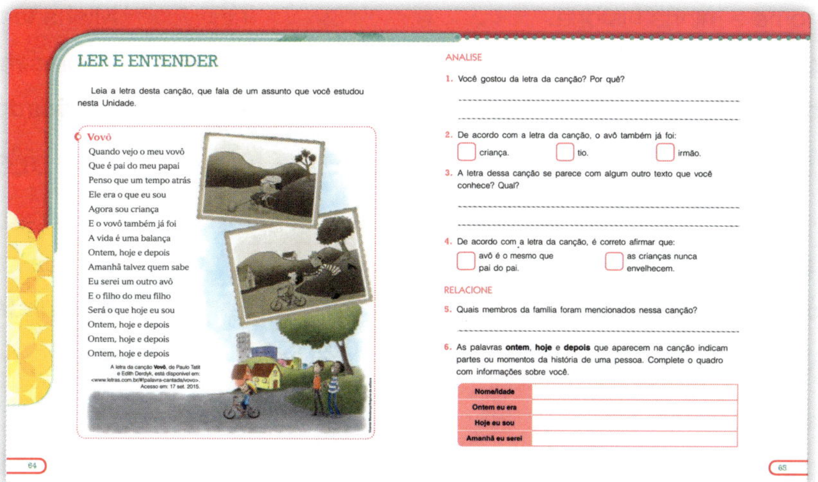

LER E ENTENDER

AQUI VOCÊ VAI LER DIFERENTES TEXTOS. UM ROTEIRO DE LEITURA VAI AJUDAR VOCÊ A LER CADA VEZ MELHOR E A RELACIONAR O QUE LEU AOS CONTEÚDOS ESTUDADOS.

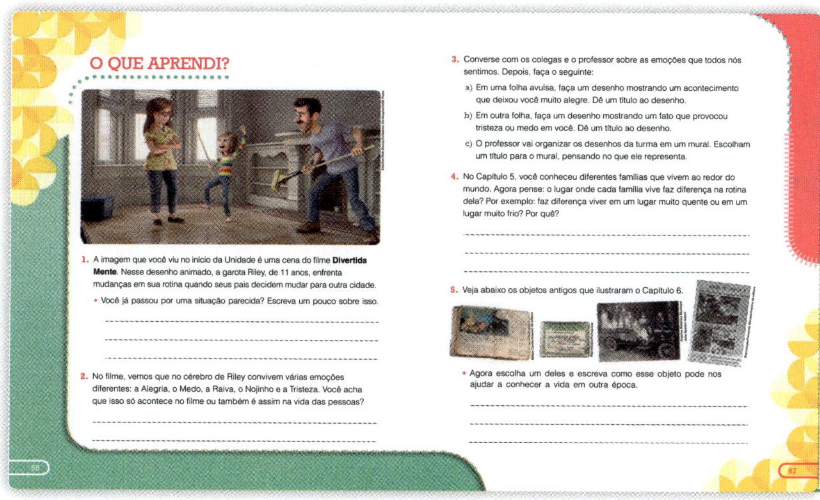

O QUE APRENDI?

AQUI VOCÊ ENCONTRA ATIVIDADES PARA PENSAR NO QUE APRENDEU, MOSTRAR O QUE JÁ SABE E REFLETIR SOBRE O QUE PRECISA MELHORAR.

SUMÁRIO

Mozart Couto/Arquivo da editora

Estúdios Walt Disney/Collection/Christophel/AGB Photo

UNIDADE 1

UNIDADE 2

Suphachok Rengsomboon

Sérgio Dotta Jr./Arquivo da editora

UNIDADE 3

UNIDADE 4

UNIDADE 1

SER CRIANÇA

Mozart Couto/Arquivo da editora

- O QUE AS CRIANÇAS ESTÃO FAZENDO? ONDE ELAS ESTÃO?
- EM QUE TEMPO VOCÊ ACHA QUE ESSAS CRIANÇAS ESTÃO: NOS DIAS DE HOJE OU NO PASSADO?
- COMO PODEMOS SABER DISSO APENAS OBSERVANDO A IMAGEM?

CAPÍTULO

1 QUEM SOU EU?

MEU NOME E MINHA HISTÓRIA

VOCÊ SABE O NOME DE TODOS OS COLEGAS DA CLASSE? OU CHEGARAM ALUNOS NOVOS QUE VOCÊ AINDA NÃO CONHECE?

PENSE NO MUNDO AO SEU REDOR: AS PESSOAS, OS ANIMAIS, AS COISAS E OS LUGARES TÊM NOME. O NOME IDENTIFICA AS PESSOAS, AS COISAS E TUDO O QUE EXISTE.

USE O **MATERIAL COMPLEMENTAR** PARA MONTAR UMA PLACA COM SEU NOME.

QUANDO NASCEMOS, RECEBEMOS UM NOME. O NOME É ESCOLHIDO PELOS PAIS, AVÓS, TIOS, IRMÃOS OU POR QUEM CUIDA DE NÓS.

ALÉM DO NOME, RECEBEMOS UM SOBRENOME. PODE SER O SOBRENOME DA MÃE, DO PAI OU DOS DOIS.

Theo Szczepanski/Arquivo da editora

VOCÊ SABE QUEM ESCOLHEU SEU NOME?

POR QUE PRECISAMOS DE NOME E SOBRENOME?

ANTIGAMENTE AS PESSOAS SÓ USAVAM O NOME. MAS O NÚMERO DE PESSOAS AUMENTOU E FICOU DIFÍCIL IDENTIFICAR CADA UMA, COM TANTOS NOMES IGUAIS. VEJA O DESENHO.

Theo Szczepanski/Arquivo da editora

VIU QUE CONFUSÃO? COMO SABER QUAL JOÃO DEVIA SE APRESENTAR AO REI?

FOI ASSIM QUE AS PESSOAS COMEÇARAM A USAR SOBRENOMES. O SOBRENOME PODIA INDICAR UMA CARACTERÍSTICA DA PESSOA, O LUGAR ONDE ELA MORAVA OU SUA PROFISSÃO. MUITAS VEZES O SOBRENOME TINHA UMA RELAÇÃO COM A HISTÓRIA DA FAMÍLIA. MUITOS SOBRENOMES DE HOJE TÊM ORIGEM NO PASSADO.

Donna Ellen Coleman/Shutterstock/Glow Images

ATIVIDADES

1 ESCREVA SEU NOME E SEU SOBRENOME.

____

2 PERGUNTE SE ALGUM ADULTO DA SUA CASA SABE O QUE SIGNIFICA SEU SOBRENOME. ESCREVA O QUE DESCOBRIU.

____

MUITAS PESSOAS TÊM SOBRENOME DE ORIGEM INDÍGENA, PORTUGUESA, ITALIANA, ÁRABE OU ESPANHOLA.

O NOME E O SOBRENOME FAZEM PARTE DA HISTÓRIA DAS PESSOAS E TAMBÉM DA HISTÓRIA DO BRASIL.

SEU NOME ESTÁ ESCRITO EM SEUS DOCUMENTOS PESSOAIS. VAMOS CONHECER ALGUNS DESSES DOCUMENTOS?

A **CARTEIRA DE VACINAÇÃO** TRAZ O NOME DA DOENÇA QUE CADA VACINA AJUDA A EVITAR E A IDADE EM QUE A CRIANÇA DEVE SER VACINADA.

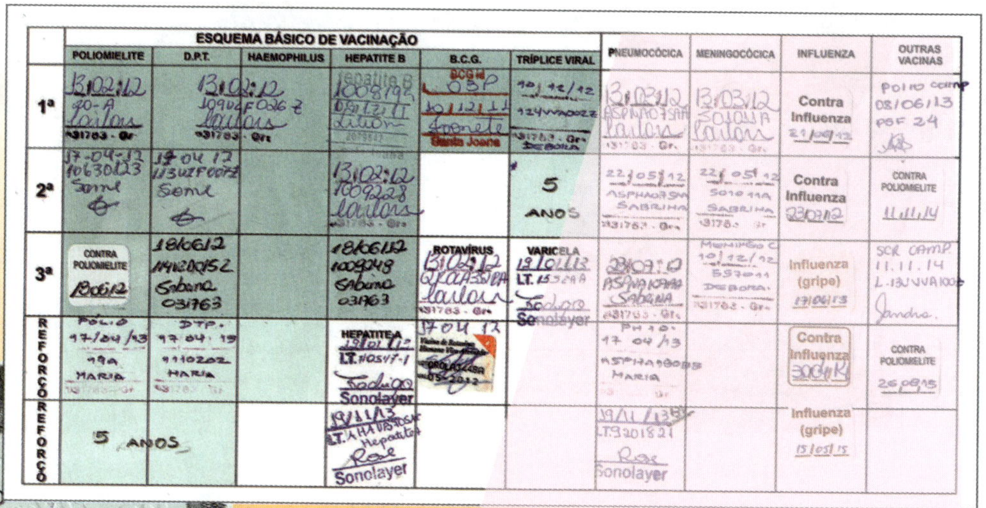

Reprodução/Arquivo da editora

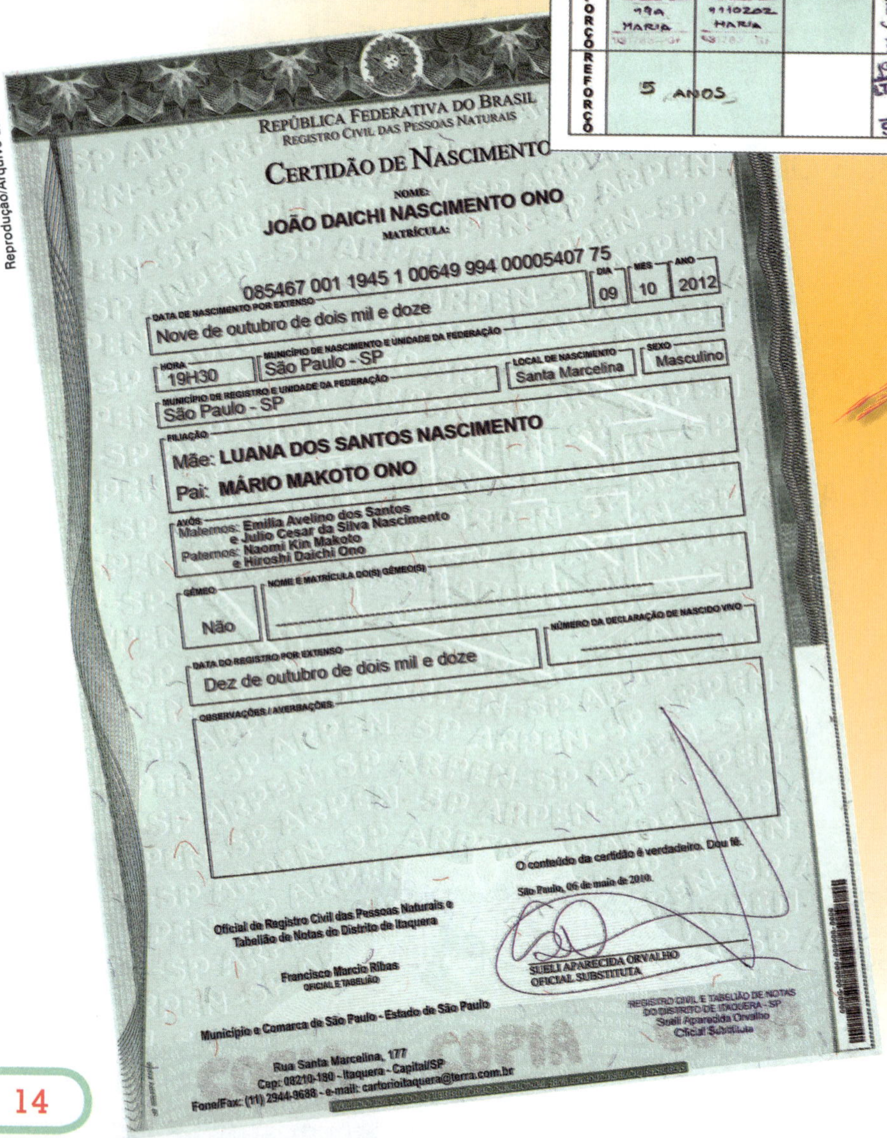

Reprodução/Arquivo da editora

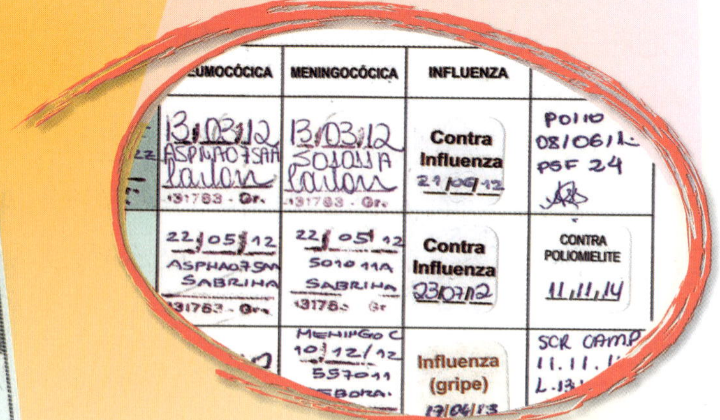

A **CERTIDÃO DE NASCIMENTO** INFORMA O NOME, A DATA E O LOCAL DO NASCIMENTO DA CRIANÇA E O NOME DOS PAIS E DOS AVÓS DELA.

OUTRO DOCUMENTO PESSOAL É A CARTEIRA DE IDENTIDADE. VEJA COMO É ESSE DOCUMENTO.

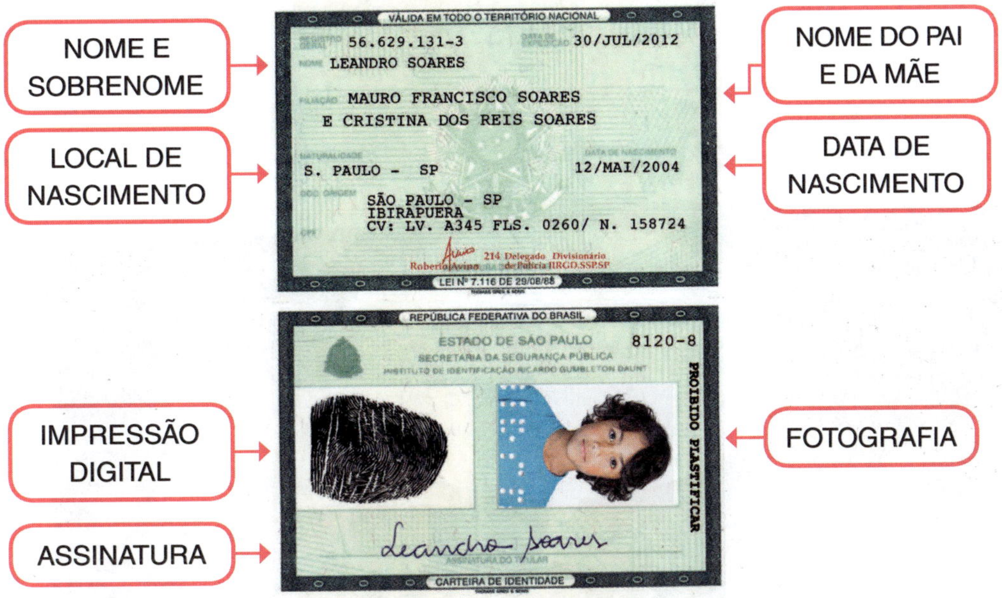

Reprodução/Arquivo da editora

ABRA SUA MÃO E REPARE NAS MARCAS NA PONTA DOS SEUS DEDOS. ESSE DESENHO É SÓ SEU, DIFERENTE DAS MARCAS DOS DEDOS DE TODAS AS OUTRAS PESSOAS. NA CARTEIRA DE IDENTIDADE A IMPRESSÃO DO POLEGAR DA MÃO DIREITA SERVE PARA IDENTIFICAR A PESSOA A QUEM ELA PERTENCE. É A **IMPRESSÃO DIGITAL**.

EM UM LADO DA CARTEIRA DE IDENTIDADE ESTÃO ESCRITOS O NOME E O SOBRENOME DO MENINO, O NOME DOS PAIS DELE E A DATA E O LOCAL ONDE ELE NASCEU. NO OUTRO LADO VEMOS UMA FOTO DO GAROTO, A IMPRESSÃO DO SEU POLEGAR DIREITO E SUA ASSINATURA.

ATIVIDADE

- COMPLETE O QUADRO ABAIXO. ESCREVA SEU NOME, COLE SUA FOTO E DEIXE SUA IMPRESSÃO DIGITAL.

NOME	FOTO	IMPRESSÃO DIGITAL

SOU IGUAL E SOU DIFERENTE

OBSERVE A FOTO E LEIA OS BALÕES DE FALA. SERÁ QUE ESTAS DUAS IRMÃS GÊMEAS SÃO IGUAIS EM TUDO?

Harm Kruyshaar/Shutterstock/Glow Images

E VOCÊ, DO QUE GOSTA E DO QUE NÃO GOSTA?

AS PESSOAS PODEM TER CARACTERÍSTICAS IGUAIS, COMO O NOME, A IDADE, A COR DOS OLHOS OU O TIPO DE CABELO. TAMBÉM PODEM GOSTAR DAS MESMAS BRINCADEIRAS OU DAS MESMAS COMIDAS. MAS CADA PESSOA TEM UM JEITO DE SER, DE PENSAR E DE SENTIR.

Pete Pahham/Shutterstock/Glow Images

Harm Kruyshaar/Shutterstock/Glow Images

Denis Kuvaev/Shutterstock/Glow Images

Jeff Lueders/Shutterstock/Glow Images

Anna Baburkina/Shutterstock/Glow Images

OBSERVE AS FOTOS. CADA CRIANÇA TEM UM JEITO DE SER E UMA HISTÓRIA QUE É DIFERENTE DA HISTÓRIA DAS OUTRAS CRIANÇAS.

A SUA HISTÓRIA, POR EXEMPLO, É SÓ SUA PORQUE VOCÊ NASCEU EM UMA FAMÍLIA QUE TEM CERTOS COSTUMES E EM UM LUGAR QUE TEM DETERMINADAS CARACTERÍSTICAS. ALÉM DISSO, VOCÊ TEM DOCUMENTOS QUE DIZEM RESPEITO SOMENTE A VOCÊ.

ATIVIDADES

1 RELEIA OS BALÕES DE FALA E ESCREVA UMA COISA QUE AS DUAS MENINAS GOSTAM DE FAZER.

____

2 ESCREVA DUAS DIFERENÇAS ENTRE AS PREFERÊNCIAS DAS MENINAS.

____

____

____

____

3 SERÁ QUE TODOS OS ALUNOS DE SUA CLASSE GOSTAM DAS MESMAS COISAS? CONVERSEM SOBRE ISSO PARA DESCOBRIR.

ATIVIDADES DO CAPÍTULO

1. CONVERSE COM UM ADULTO EM CASA E RESPONDA: QUEM ESCOLHEU SEU NOME? POR QUÊ?

____

2. EM DUPLA, OBSERVEM AS IMAGENS, CONVERSEM SOBRE ELAS E DEPOIS RESPONDAM ÀS QUESTÕES.

1

2

Ilustrações: Angelo Abu/Arquivo da editora

A) TODOS OS MENINOS TORCEM PELO MESMO TIME?

____

B) QUAL É A DIFERENÇA DE ATITUDE DAS CRIANÇAS NAS DUAS CENAS?

____

____

____

C) COMO VOCÊS ACHAM QUE O MENINO DA CAMISA 9 SE SENTIU NA PRIMEIRA CENA? E NA SEGUNDA?

D) ISSO JÁ ACONTECEU COM VOCÊS? COMO FOI?

3. CONVERSE COM UM COLEGA SOBRE AS PREFERÊNCIAS DE VOCÊS E DEPOIS COMPLETE O QUADRO.

	VOCÊ	COLEGA
ANIMAL		
BRINCADEIRA		
COMIDA		
FILME		
JOGO		

- QUAIS SÃO AS SEMELHANÇAS ENTRE VOCÊS? E AS DIFERENÇAS?

4. OBSERVE A TIRINHA E DEPOIS RESPONDA À QUESTÃO.

- SEU MAIOR DESEJO É IGUAL AO DESEJO DE ALGUM PERSONAGEM DA HISTÓRIA? EXPLIQUE.

____

____

5. USE O **MATERIAL COMPLEMENTAR** PARA FAZER UMA CARTEIRINHA DA TURMA. COMPLETE A CARTEIRINHA COM SUAS INFORMAÇÕES PESSOAIS. NÃO SE ESQUEÇA DE COLAR SUA FOTO.

CAPÍTULO

2 EU GOSTO DE BRINCAR

BRINCAR FAZ PARTE DA HISTÓRIA

BRINCAR É MUITO GOSTOSO! PODE SER SOZINHO, COM UM COLEGA OU COM A TURMA TODA.

- VOCÊ JÁ FEZ NOVOS AMIGOS ENQUANTO BRINCAVA?
- JÁ PASSOU UM DIA INTEIRO BRINCANDO?
- QUAL É O SEU BRINQUEDO FAVORITO?
- CONVERSE COM OS COLEGAS E O PROFESSOR SOBRE BRINQUEDOS E BRINCADEIRAS.

Vicente Mendonça/Arquivo da editora

AS CRIANÇAS DE ANTIGAMENTE TAMBÉM TINHAM BRINQUEDOS. VEJA AO LADO UM CARRINHO FEITO PELOS ANTIGOS ROMANOS.

White Images/Photo Scala, Florence/Glow Images

SEUS PAIS E SEUS AVÓS, QUANDO ERAM CRIANÇAS, GOSTAVAM DE BRINCADEIRAS QUE EXISTEM ATÉ HOJE: AMARELINHA, PETECA, BOLINHA DE GUDE, PULAR CORDA, JOGAR BOLA, EMPINAR PIPA, BRINCAR DE CASINHA E DE BONECA, ANDAR DE BICICLETA...

ANTIGAMENTE MUITAS CRIANÇAS FAZIAM SEUS BRINQUEDOS USANDO PAPEL, BARBANTE, RETALHOS DE PANO, PAUZINHOS, PEDRINHAS E OUTROS MATERIAIS.

VAMOS LER UM TEXTO PARA SABER MAIS SOBRE OS BRINQUEDOS ANTIGOS?

O SENHOR ANTÔNIO, QUANDO ERA CRIANÇA, CONSTRUÍA SEUS PRÓPRIOS BRINQUEDOS. FAZIA CARRINHOS COM CAIXINHAS DE CREME DENTAL E COM TAMPINHAS, QUE SERVIAM DE RODINHAS. FAZIA UM JOGO DE FUTEBOL COM VINTE E DOIS TOQUINHOS DE CABOS DE VASSOURAS. ELE PINTAVA DE DUAS CORES DIFERENTES, QUE ERAM OS TIMES, ENFIAVA OS TOQUINHOS NA TERRA, DESENHAVA O CAMPO DE FUTEBOL, FAZIA OS GOLS, PEGAVA UMA BOLINHA DE GUDE E CHAMAVA OS AMIGOS PARA BRINCAR.

ESSE TEXTO ESTÁ NO *SITE* DO **MUSEU DA PESSOA**. DISPONÍVEL EM: <WWW.MUSEUDAPESSOA.NET>. ACESSO EM: 2 SET. 2015. (ADAPTADO).

Vicente Mendonça/Arquivo da editora

ATIVIDADE

- CONVERSE COM PESSOAS MAIS VELHAS E PERGUNTE DO QUE ELAS BRINCAVAM. DEPOIS ESCREVA NO CADERNO O QUE VOCÊ DESCOBRIU.

DIVERSÃO SEM SAIR DO LUGAR

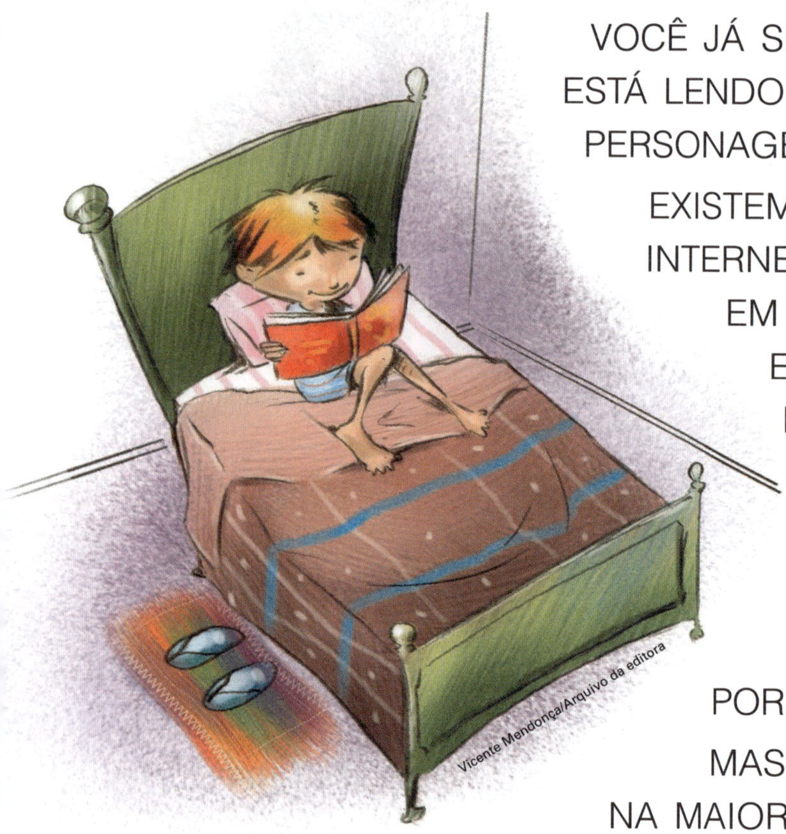
Vicente Mendonça/Arquivo da editora

VOCÊ JÁ SE DIVERTIU LENDO UM LIVRO? QUANDO ESTÁ LENDO, VOCÊ IMAGINA OS LUGARES E PERSONAGENS DA HISTÓRIA?

EXISTEM LIVROS NA ESCOLA, NAS BIBLIOTECAS, NA INTERNET, NAS LIVRARIAS. SE VOCÊ TEM LIVROS EM CASA, PODE EMPRESTÁ-LOS AOS COLEGAS E TAMBÉM LER OS LIVROS QUE ELES EMPRESTAREM.

PODEMOS LER PARA ESTUDAR E PARA NOS DIVERTIR. NOS DOIS CASOS SEMPRE APRENDEMOS ALGUMA COISA.

MUITOS POVOS DO PASSADO REGISTRARAM POR ESCRITO O QUE ACONTECIA NA VIDA DELES.

MAS NEM TODOS OS POVOS USAM A ESCRITA. NA MAIORIA DOS GRUPOS INDÍGENAS BRASILEIROS, AS PESSOAS MAIS VELHAS CONTAM PARA AS MAIS JOVENS AS HISTÓRIAS E OS COSTUMES DO SEU POVO.

Renato Soares/Pulsar Imagens

CRIANÇAS GUARANI OUVEM HISTÓRIAS DE SEU POVO NA ALDEIA PINDOTY, EM PARIQUERA-AÇU, EM SÃO PAULO.

VOCÊ JÁ RECITOU VERSINHOS COMO **UNI-DUNI-TÊ-SALAMÊ-MINGUÊ** EM ALGUMA BRINCADEIRA?

VOCÊ CONHECE OUTRAS RIMAS DESSE TIPO?

LEIA O TEXTO ABAIXO.

CADÊ O TOUCINHO QUE ESTAVA AQUI?

– CADÊ O TOUCINHO QUE ESTAVA AQUI?
– O GATO COMEU.
– CADÊ O GATO?
– FUGIU PRO MATO.
– CADÊ O MATO?
– O FOGO QUEIMOU.
– CADÊ O FOGO?
– A ÁGUA APAGOU.
– CADÊ A ÁGUA?

– O BOI BEBEU.
– CADÊ O BOI?
– ESTÁ AMASSANDO TRIGO.
– CADÊ O TRIGO?
– A GALINHA ESPALHOU.
– CADÊ A GALINHA?
– ESTÁ BOTANDO OVO.
– CADÊ O OVO?
– QUEBROU!

ESSE TEXTO FAZ PARTE DO LIVRO **QUEM CANTA SEUS MALES ESPANTA**. SÃO PAULO: CARAMELO, 1998. P. 23.

TOUCINHO: CARNE DE PORCO.

Ilustrações: Vicente Mendonça/Arquivo da editora

ATIVIDADES

1 RELEIA OS VERSINHOS E FAÇA UM **X** NAS RESPOSTAS CORRETAS.

A) O QUE O GATO FEZ PRIMEIRO?

☐ FUGIU PARA O MATO. ☐ COMEU O TOUCINHO.

B) O QUE O BOI FEZ DEPOIS DE BEBER ÁGUA?

☐ AMASSOU O TRIGO. ☐ ESPALHOU O TRIGO.

2 O TEXTO QUE VOCÊ LEU É UMA PARLENDA. PODE SER RECITADO COM RITMO, COMO UM POEMA OU UMA CANÇÃO.

- VOCÊ CONHECE OUTRA PARLENDA? SE CONHECE, RECITE-A PARA OS COLEGAS.

ATIVIDADES DO CAPÍTULO

Vicente Mendonça/Arquivo da editora

1. ESCREVA O NOME DO SEU LIVRO PREDILETO.

2. TRAGA SEU LIVRO PARA A ESCOLA E MOSTRE-O AOS COLEGAS. CONTE A ELES POR QUE VOCÊ GOSTA TANTO DESSE LIVRO.

3. DEPOIS DE CONHECER OS LIVROS DOS COLEGAS, ESCREVA QUAL DELES VOCÊ GOSTARIA DE LER.

4. SURI É UMA MENINA INDÍGENA QUE SABE DO QUE SEUS BISAVÓS BRINCAVAM NA ALDEIA. COMO SURI PODE SABER DISSO?

Weberson Santiago/Arquivo da editora

5. OBSERVE BEM A FOTO E RESPONDA ÀS QUESTÕES.

Haywood Magee/Arquivo Hulton/Getty Images

A) DO QUE AS MENINAS ESTÃO BRINCANDO?

____

____

B) EM QUE TEMPO AS MENINAS ESTÃO BRINCANDO: NOS DIAS ATUAIS OU NO PASSADO? COMO VOCÊ DESCOBRIU?

____

____

C) A BRINCADEIRA DA FOTO AINDA EXISTE NOS DIAS ATUAIS? EM QUE LUGAR ELA ACONTECE?

____

____

____

LEITURA DE IMAGEM

IGUAIS E DIFERENTES

EM MUITOS LUGARES DO MUNDO AS PESSOAS TÊM O COSTUME DE PINTAR O ROSTO E O CORPO. OS DESENHOS E AS CORES MUDAM DE UM POVO PARA OUTRO. MUDA TAMBÉM O PORQUÊ DE AS PESSOAS USAREM ESSAS PINTURAS.

OBSERVE

1

Edson Sato/Pulsar Imagens

CRIANÇAS DO POVO YANOMAMI, NA ALDEIA DEMINI, NO AMAZONAS, 2012.

2

Nick Fox/Shutterstock/Glow Images

MENINO DO POVO MURSI, NA ETIÓPIA, 2015.

1. O QUE VOCÊ VÊ NA IMAGEM 1? E NA IMAGEM 2?
2. QUE CORES VOCÊ PERCEBE NA IMAGEM 1? E NA IMAGEM 2?
3. QUEM SÃO AS CRIANÇAS DA IMAGEM 1? O QUE ELAS ESTÃO FAZENDO?
4. COMO É O MENINO DA IMAGEM 2? O QUE ELE ESTÁ FAZENDO?

ANALISE

5. QUE DIFERENÇAS VOCÊ PERCEBE ENTRE AS CRIANÇAS DA IMAGEM 1 E DA IMAGEM 2?

____

____

____

____

____

6. ANALISANDO AS DUAS IMAGENS, PODEMOS DIZER QUE A PINTURA DO ROSTO, OS ENFEITES E AS CORES SÃO DIFERENTES EM CADA CULTURA?

RELACIONE

7. VOCÊ JÁ PINTOU SEU ROSTO ALGUMA VEZ? QUAL FOI O MOTIVO?

____

____

8. A FIGURA AO LADO É UM SÍMBOLO. ELA TEM UM SIGNIFICADO ESPECIAL. EM DUPLA, CRIEM UM SÍMBOLO E PINTEM NO ROSTO OU NAS MÃOS. MOSTREM AOS COLEGAS. SERÁ QUE ELES VÃO DESCOBRIR O QUE O SÍMBOLO SIGNIFICA?

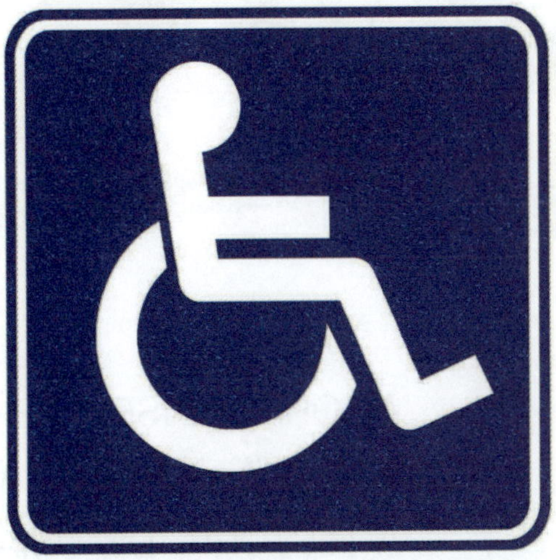

Reprodução/Arquivo da editora

VOCÊ SABE O QUE SIGNIFICA ESTE SÍMBOLO?

CAPÍTULO 3

MEU DIA A DIA

A HISTÓRIA DE TODOS OS DIAS

VEJA NOS QUADRINHOS AS ATIVIDADES DE MATEUS EM UM DIA.

Vicente Mendonça/Arquivo da editora

AGORA PENSE NAS ATIVIDADES QUE VOCÊ FAZ TODOS OS DIAS, DESDE QUE ACORDA ATÉ A HORA DE DORMIR.

A HISTÓRIA DE UMA PESSOA É FORMADA POR TUDO O QUE ELA FAZ EM TODOS OS DIAS DA SUA VIDA.

PARA AJUDAR A ORGANIZAR SUAS ATIVIDADES, VOCÊ PODE USAR UMA AGENDA. A AGENDA COSTUMA SER DIVIDIDA EM DIAS. CADA DIA PODE SER DIVIDIDO EM HORAS. ASSIM FICA FÁCIL ANOTAR QUANDO DEVEMOS INICIAR CADA ATIVIDADE.

ATIVIDADES

1 QUANDO VOCÊ FAZ AS ATIVIDADES A SEGUIR? PINTE OS QUADRINHOS PARA RESPONDER USANDO AS CORES ABAIXO.

- [ ] TOMAR BANHO
- [ ] IR PARA A ESCOLA
- [ ] ALMOÇAR
- [ ] FAZER LIÇÃO DE CASA
- [ ] DORMIR
- [ ] BRINCAR

MANHÃ

TARDE

NOITE

2 COMPLETE O QUADRO COM OS ADESIVOS DO **MATERIAL COMPLEMENTAR** PARA ILUSTRAR SUAS ATIVIDADES E MOSTRAR COMO ESTÁ O TEMPO EM CADA DIA.

MINHA AGENDA

Hora	Domingo	Segunda-feira	Terça-feira
9 horas			
12 horas			
18 horas			
21 horas			

Theo Szczepanski/Arquivo da editora

NA ALDEIA É DIFERENTE

LEIA O TEXTO PARA SABER COMO É O DIA A DIA DE ALGUMAS CRIANÇAS QUE VIVEM EM ALDEIAS INDÍGENAS. DEPOIS RESPONDA ÀS QUESTÕES.

O DIA A DIA DAS CRIANÇAS INDÍGENAS

DESDE O MOMENTO EM QUE NASCEM, AS CRIANÇAS SÃO TRATADAS DE FORMA MUITO CARINHOSA. AS CRIANÇAS QUE AINDA MAMAM FICAM SEMPRE JUNTO DE SUAS MÃES.

QUANDO DÁ OS PRIMEIROS PASSOS, O BEBÊ COMEÇA A BRINCAR COM AS OUTRAS CRIANÇAS. ELE NUNCA SAI DE PERTO DE SUA MÃE OU SE AFASTA DA ALDEIA.

À MEDIDA QUE CRESCEM, AS CRIANÇAS APRENDEM A FAZER PEQUENAS TAREFAS, COMO BUSCAR ÁGUA OU VIGIAR A COMIDA QUE ESTÁ NO FOGO.

ALGUMAS COISAS SÃO FEITAS SÓ PELOS ADULTOS. AS CRIANÇAS FICAM OBSERVANDO O QUE ELES FAZEM. MAS NÃO FICAM SÓ OBSERVANDO... SE UM ADULTO ESTÁ TREINANDO SUAS FLECHADAS, O MENINO ÍNDIO PEGA IMEDIATAMENTE O SEU ARQUINHO E IMITA O HOMEM. SE A MENINA VÊ A MÃE AMAMENTANDO SEU IRMÃOZINHO, ELA PEGA SUA BONECA E REPETE O GESTO DA MÃE. OU SEJA, TUDO O QUE O ADULTO FAZ A CRIANÇA PODE BRINCAR DE FAZER.

ESSE TEXTO FAZ PARTE DO LIVRO **COISAS DE ÍNDIO (VERSÃO INFANTIL)**, DE DANIEL MUNDURUKU. SÃO PAULO: CALLIS, 2003. P. 28 E 29. (ADAPTADO).

Fabio Colombini/Acervo do fotógrafo

MENINO INDÍGENA APRENDE A PESCAR COM HOMEM DO POVO KALAPALO. PARQUE INDÍGENA DO XINGU, MATO GROSSO, 2011.

ATIVIDADES

Theo Szczepanski/Arquivo da editora

1 QUANDO A CRIANÇA INDÍGENA CRESCE, O DIA A DIA DELA MUDA?

- [ ] NÃO, FICA TUDO IGUAL.
- [ ] SIM, O DIA A DIA DA CRIANÇA MUDA PORQUE ELA COMEÇA A AJUDAR OS ADULTOS.

2 ESCREVA NO QUADRO AS SEMELHANÇAS E AS DIFERENÇAS ENTRE SUAS ATIVIDADES DIÁRIAS E AS ATIVIDADES DAS CRIANÇAS INDÍGENAS.

SEMELHANÇAS	DIFERENÇAS

3 O QUE MUDA NA ROTINA DE UM BEBÊ INDÍGENA QUANDO ELE COMEÇA A ANDAR?

4 PENSE EM COISAS QUE VOCÊ FAZIA QUANDO ERA MENOR. O QUE MUDOU? ESCREVA NO QUADRO ABAIXO.

EU FAZIA	EU CONTINUO FAZENDO	EU NÃO FAÇO MAIS

Fotos: Marc Ferrez/Col. Gilberto Ferrez/Acervo IMS

CRIANÇAS DO PASSADO

- O QUE VOCÊ VÊ NAS FOTOGRAFIAS?
- QUE IDADE OS MENINOS PARECEM TER?
- O QUE ELES ESTÃO FAZENDO?
- ESSAS FOTOS SÃO ATUAIS OU ANTIGAS? POR QUE VOCÊ ACHA ISSO?

AGORA LEIA O QUE DONA ALICE CONTA SOBRE A INFÂNCIA DELA.

Vicente Mendonça/Arquivo da editora

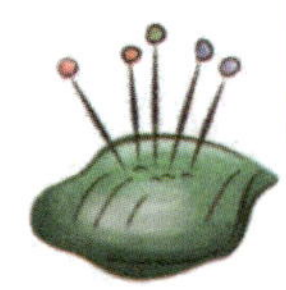

EU NÃO LEMBRO DE TER TIDO UM BRINQUEDO. COM DEZ ANOS COMECEI A TRABALHAR EM UMA OFICINA DE COSTURA. AS MENINAS VARRIAM A SALA, JUNTAVAM OS ALFINETES DO CHÃO, ARRUMAVAM AS LINHAS NAS CAIXAS.

ESSE TEXTO FAZ PARTE DO LIVRO **MEMÓRIA E SOCIEDADE: LEMBRANÇAS DE VELHOS**, DE ECLÉA BOSI. SÃO PAULO: COMPANHIA DAS LETRAS, 1994. (ADAPTADO).

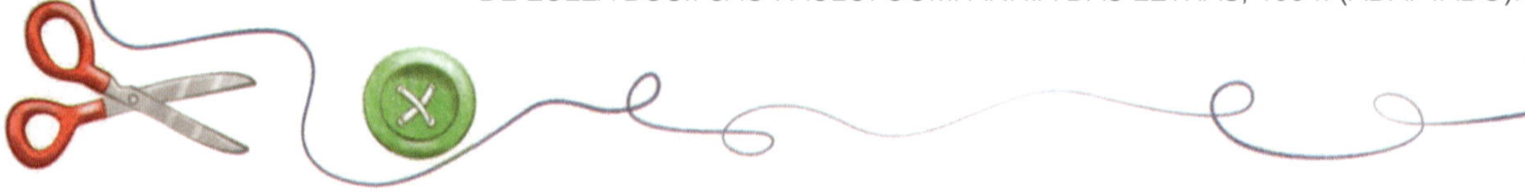

DONA ALICE FOI CRIANÇA HÁ MUITO TEMPO, ASSIM COMO OS MENINOS JORNALEIROS DAS FOTOS. NAQUELE TEMPO, AS CRIANÇAS MAIS POBRES NÃO PODIAM IR À ESCOLA PORQUE PRECISAVAM TRABALHAR PARA AJUDAR A FAMÍLIA.

AS CRIANÇAS DE FAMÍLIAS RICAS IAM À ESCOLA OU TINHAM PROFESSORES PARTICULARES.

NOS DIAS ATUAIS

NO ANO DE 1990 FOI CRIADO NO BRASIL O **ESTATUTO DA CRIANÇA E DO ADOLESCENTE**. ESSA LEI PROÍBE O TRABALHO DE CRIANÇAS E GARANTE A TODA CRIANÇA O DIREITO DE FREQUENTAR A ESCOLA, DE BRINCAR, DE SE DIVERTIR E DE PRATICAR ESPORTES.

Thiago Veloso/OIMP/D.A Press

TRABALHO INFANTIL EM FEIRA LIVRE DE SÃO LUÍS, ESTADO DO MARANHÃO. FOTO DE 2011.

ANTIGAMENTE O TRABALHO INFANTIL ERA COMUM. HOJE A LEI BRASILEIRA NÃO PERMITE ISSO, MAS MESMO ASSIM MUITAS CRIANÇAS TRABALHAM.

VOCÊ JÁ DEVE TER VISTO CRIANÇAS VENDENDO BALAS E DOCES NOS SEMÁFOROS E CARREGANDO SACOLAS NAS FEIRAS. MUITAS CRIANÇAS DO CAMPO TRABALHAM NA LAVOURA.

APESAR DA LEI QUE GARANTE O ESTUDO PARA TODOS, MUITAS CRIANÇAS BRASILEIRAS NÃO APRENDEM A LER NEM ESCREVER PORQUE PRECISAM TRABALHAR PARA GANHAR DINHEIRO E AJUDAR A FAMÍLIA.

ATIVIDADE

- AJUDAR EM CASA É DIFERENTE DE TRABALHAR FORA PARA GANHAR DINHEIRO. ESCREVA ABAIXO QUE TAREFAS VOCÊ FAZ EM CASA PARA PARTICIPAR DA VIDA EM FAMÍLIA.

____

____

____

____

____

____

Vicente Mendonça/Arquivo da editora

ATIVIDADES DO CAPÍTULO

1. FAÇA UMA ENTREVISTA COM UM ADULTO PARA SABER COMO FOI A INFÂNCIA DELE. VEJA ABAIXO UM MODELO DE FICHA PARA ORGANIZAR A ENTREVISTA. SE QUISER, FAÇA OUTRAS PERGUNTAS TAMBÉM.

- NOME E IDADE DA PESSOA.
- LOCAL ONDE MORAVA NA INFÂNCIA.
- COMO ERA SEU DIA A DIA.
- FATOS IMPORTANTES DA INFÂNCIA.
- ACONTECIMENTOS NA CIDADE, NO PAÍS E/OU NO MUNDO QUANDO ESSA PESSOA ERA CRIANÇA.

PARA ENTREVISTAR UMA PESSOA:

1. PREPARE AS PERGUNTAS QUE VOCÊ DESEJA FAZER.
2. COMBINE COM A PESSOA UM HORÁRIO PARA FAZER A ENTREVISTA.
3. ANOTE AS RESPOSTAS.
4. APRESENTE OS RESULTADOS NA SALA DE AULA.

Vicente Mendonça/Arquivo da editora

2. OBSERVE AS IMAGENS E RESPONDA ÀS QUESTÕES.

The Bridgeman Art Library/Bridgeman/Keystone

RETRATO DE UMA FAMÍLIA. PINTURA DE JOSEPH MARCELLIN COMBETTE, FRANÇA, 1801.

Hulton Archive/Getty Images

FOTOGRAFIA DE UM MENINO TRABALHANDO EM MINA DE CARVÃO, INGLATERRA, 1920.

A) AS IMAGENS MOSTRAM CENAS DO PRESENTE OU DO PASSADO?

____

B) COMO SÃO AS CRIANÇAS DA IMAGEM 1?

____

____

C) O QUE FAZ O MENINO DA IMAGEM 2?

____

____

D) NA SUA OPINIÃO, POR QUE ESSAS CRIANÇAS VIVIAM DE MODOS TÃO DIFERENTES?

____

____

____

ENTENDER O TEMPO HISTÓRICO

MUITOS ARTISTAS DESENHAM OU PINTAM SUA PRÓPRIA IMAGEM, FAZENDO UM **AUTORRETRATO**.

O AUTORRETRATO MOSTRA CARACTERÍSTICAS FÍSICAS DO ARTISTA E, MUITAS VEZES, O MODO DE VIDA NO PERÍODO EM QUE ELE VIVE.

Cedida por Tarsila Educação. <www.tarsiladoamaral.com.br>. Museu Nacional de Belas Artes, Iphan/Minc. Rio de Janeiro, RJ.

MANTEAU ROUGE (CASACO VERMELHO). AUTORRETRATO DE TARSILA DO AMARAL, 1923.

Reprodução/Acervo da editora

TARSILA DO AMARAL EM FOTOGRAFIA DE 1910, APROXIMADAMENTE.

ESTE AUTORRETRATO FOI PINTADO PELA ARTISTA BRASILEIRA TARSILA DO AMARAL.

O AUTORRETRATO DA PÁGINA AO LADO FOI FEITO PELO ARTISTA ESPANHOL PABLO PICASSO.

1. VOCÊ ACHA QUE OS ARTISTAS SÃO PARECIDOS COM OS AUTORRETRATOS QUE PINTARAM?

____

____

____

Ilustração: Fabiana Salomão/Arquivo da editora

2. CITE UMA SEMELHANÇA E UMA DIFERENÇA ENTRE AS PINTURAS.

3. COMO VOCÊ ACHA QUE OS ARTISTAS SE SENTIAM ENQUANTO PINTAVAM? POR QUÊ?

Succession Pablo Picasso 2013 – Autvis, Brasil, 2013/Galeria Narodni, Praga, República Tcheca.

AUTORRETRATO, DE PABLO PICASSO, 1907.

Hulton Archive/Getty Images

PABLO PICASSO EM FOTOGRAFIA DE 1920, APROXIMADAMENTE.

4. AGORA É SUA VEZ!

- TRAGA UMA FOTOGRAFIA SUA PARA A SALA DE AULA.
- COLE A FOTOGRAFIA EM UMA FOLHA AVULSA E DEIXE ESPAÇO PARA UM DESENHO.
- NO ESPAÇO QUE RESTOU, FAÇA SEU AUTORRETRATO.
- MOSTRE SEU DESENHO AOS COLEGAS E CONTE QUE CARACTERÍSTICAS PESSOAIS VOCÊ DESTACOU.
- COM A AJUDA DO PROFESSOR, MONTEM UMA EXPOSIÇÃO DE TODOS OS AUTORRETRATOS DA CLASSE.

LER E ENTENDER

VOCÊ VIU NESTA UNIDADE QUE TODOS NÓS TEMOS UM NOME. É O NOSSO NOME QUE NOS IDENTIFICA.

AGORA CONHEÇA ASTERIX E OBELIX. ELES SÃO PERSONAGENS DE UMA HISTÓRIA EM QUADRINHOS QUE ACONTECE NA REGIÃO DA GÁLIA, O NOME ANTIGO DA FRANÇA.

ASTERIX E OBELIX SÃO AMIGOS. VOCÊ ACHA QUE ELES TÊM SEMELHANÇAS? OBSERVE AS IMAGENS, ACOMPANHE A LEITURA DO PROFESSOR E CONFIRA!

A GRANDE TRAVESSIA, DE RENÉ GOSCINNY E ALBERT UDERZO. RIO DE JANEIRO: RECORD, 1975.

ANALISE

1. VOCÊ GOSTA DE LER HISTÓRIAS EM QUADRINHOS? QUAIS?

____

____

2. QUEM SÃO OS PERSONAGENS DOS QUADRINHOS AO LADO?

____

3. DE QUE ASTERIX E OBELIX GOSTAM?

____

RELACIONE

4. OS PERSONAGENS DA TIRA AO LADO SÃO SEMELHANTES OU DIFERENTES? EXPLIQUE SUA RESPOSTA.

____

____

____

5. COMO OBELIX E ASTERIX SE APRESENTAM AO INDÍGENA QUE NÃO ENTENDE A LÍNGUA DELES?

- ☐ FALANDO E GESTICULANDO.
- ☐ MOSTRANDO UM DOCUMENTO PESSOAL.

6. VOCÊ ACHA QUE O INDÍGENA ENTENDEU? COMO VOCÊ SE APRESENTARIA SE ESTIVESSE NO LUGAR DE ASTERIX E OBELIX?

7. VOCÊ ACHOU ESSA HISTÓRIA DIVERTIDA? EXPLIQUE POR QUÊ.

O QUE APRENDI?

Mozart Couto/Arquivo da editora

1. ESTE DESENHO VOCÊ JÁ VIU NA ABERTURA DA UNIDADE. MAS AGORA QUEM VAI COLORIR É VOCÊ!

   A) PINTE AS CRIANÇAS QUE ESTÃO BRINCANDO DO QUE VOCÊ TAMBÉM GOSTA DE BRINCAR.

   B) PINTE TUDO O QUE FAZ PARTE DA NATUREZA.

   C) VOCÊ COSTUMA FREQUENTAR ALGUM PARQUE? QUEM LEVA VOCÊ?

   ____

   ____

   D) SERÁ QUE TODAS AS CRIANÇAS DO LUGAR ONDE VOCÊ MORA PODEM BRINCAR EM UM PARQUE OU EM UMA PRAÇA? POR QUÊ?

   ____

   ____

2. NO CAPÍTULO 1 VIMOS A IMPORTÂNCIA DO NOME E DO SOBRENOME PARA IDENTIFICAR CADA PESSOA.

- EM CASA E NA ESCOLA É MAIS COMUM CHAMAR ALGUÉM PELO NOME OU PELO SOBRENOME?

___

___

___

- POR QUE NA CERTIDÃO DE NASCIMENTO E EM OUTROS DOCUMENTOS APARECE O SOBRENOME?

___

___

___

- VOCÊ TEM APELIDO? EM CASA OU EM OUTRO LUGAR? VOCÊ GOSTA DO SEU APELIDO? POR QUÊ?

___

___

___

3. PARA TERMINAR, CONVERSE COM OS COLEGAS E O PROFESSOR SOBRE AS RESPOSTAS DA TURMA. VOCÊS VÃO AVALIAR O QUE APRENDERAM, AS DÚVIDAS QUE PRECISAM SER ESCLARECIDAS E O QUE CADA UM PRECISA MELHORAR.

- O QUE VOCÊ MAIS GOSTOU DE APRENDER? POR QUÊ?
- O QUE VOCÊ ACHOU MAIS DIFÍCIL ESTUDAR? POR QUÊ?
- O QUE VOCÊ ACHOU MENOS INTERESSANTE? POR QUÊ?

UNIDADE

2 VIVER EM FAMÍLIA

Esta cena faz parte do filme **Divertida Mente** (Inside Out), animação da Disney/Pixar produzida em 2015.

- Você conhece estes personagens? Quem são eles?
- Você acha que esses personagens são da mesma família? Por quê?
- Qual é o papel de cada um deles na família?
- Essa família é parecida com a sua? Por quê?

Estúdios Walt Disney/Collection Christophel/AGB Photo

CAPÍTULO 4

EM CASA É ASSIM

MINHA FAMÍLIA

As pessoas com quem você vive formam sua família. Elas cuidam de você, por isso são muito importantes na sua vida.

As famílias são diferentes umas das outras. Elas podem ser formadas por muitas pessoas ou por apenas duas pessoas.

- Sua família é grande ou pequena? Quantas pessoas fazem parte dela? Todas as pessoas da sua família moram com você?

Ilustrações: Evandro Luiz/Arquivo da editora

- Pense em um dia especial que você passou com sua família. Faça um desenho sobre esse dia em uma folha avulsa.

ATIVIDADES

1 Observe o desenho que você fez e responda.

a) Qual é o nome das pessoas que você desenhou?

____

____

b) O que vocês fizeram nesse dia?

____

____

2 Quais são as características da sua família? Pinte os quadrinhos para responder.

pequena	grande
falante	silenciosa
triste	alegre
calma	brava
organizada	bagunceira

Ilustrações: Evandro Luiz/Arquivo da editora

3 Escreva uma atividade que você e sua família fazem juntos:

- todos os dias:

____

- nos fins de semana:

____

- nas suas férias escolares:

____

- O que você gostaria de dizer sobre sua família? Conte aos colegas.

REPRESENTANDO AS FAMÍLIAS

Você já pensou em quantas pessoas existiram na sua família até chegar em você? Seus bisavós geraram seus avós; e seus avós geraram seus pais.

Para representar a ordem em que as pessoas de uma família nasceram, podemos montar um desenho chamado **árvore genealógica**. Veja dois exemplos:

Érica e Tatiane são filhas de Sílvio e Lígia. Os avós maternos delas são Roberto e Glória, e seus avós paternos são Ivan e Maria.

Pedro e Mariana são filhos de Vanessa, mas eles não conhecem o pai nem os avós paternos.

Ilustrações: Weberson Santiago/Arquivo da editora

Você também pode representar a história da sua família fazendo uma árvore genealógica. A árvore ajuda você a conhecer melhor sua história. Ao lado do nome de seus familiares, você pode colocar o lugar onde cada um deles nasceu. Veja a página 48.

Algumas crianças não conhecem seus parentes, não sabem quem são seus pais ou avós. Veja o desenho à esquerda.

Você já viu fotos de reuniões ou de festas em que aparecem muitas pessoas de um mesmo grupo familiar?

Muitos desenhos, fotografias, pinturas e esculturas representam famílias.

Observe abaixo uma foto e uma pintura. Depois faça as atividades.

Martin Harvey/Corbis/Latinstock

Família do povo watatulu, da Tanzânia, África, 2010.

Museu Nacional Centro de Arte Reina Sofía, Madri, Espanha.

A família. Pintura de Tarsila do Amaral, 1925.

ATIVIDADES

1 O que podemos observar na foto?

- [ ] A aparência e a idade aproximada de cada pessoa.
- [ ] Quantas pessoas fazem parte da família.
- [ ] O modo como cada pessoa se veste.
- [ ] O tipo de moradia da família.

2 O que podemos observar na pintura?

- [ ] Quantos adultos e crianças formam a família.
- [ ] O que eles estão conversando.
- [ ] Os animais da família.

- Conte aos colegas outras coisas que você observou nas duas imagens.

ATIVIDADES DO CAPÍTULO

1. Complete a árvore genealógica abaixo desenhando pessoas da sua família. Peça ajuda em casa para escrever o nome dos seus parentes.

   Cada aluno vai montar a árvore da própria família, por isso cada desenho será diferente.

   Pinte sua árvore e desenhe o que mais quiser.

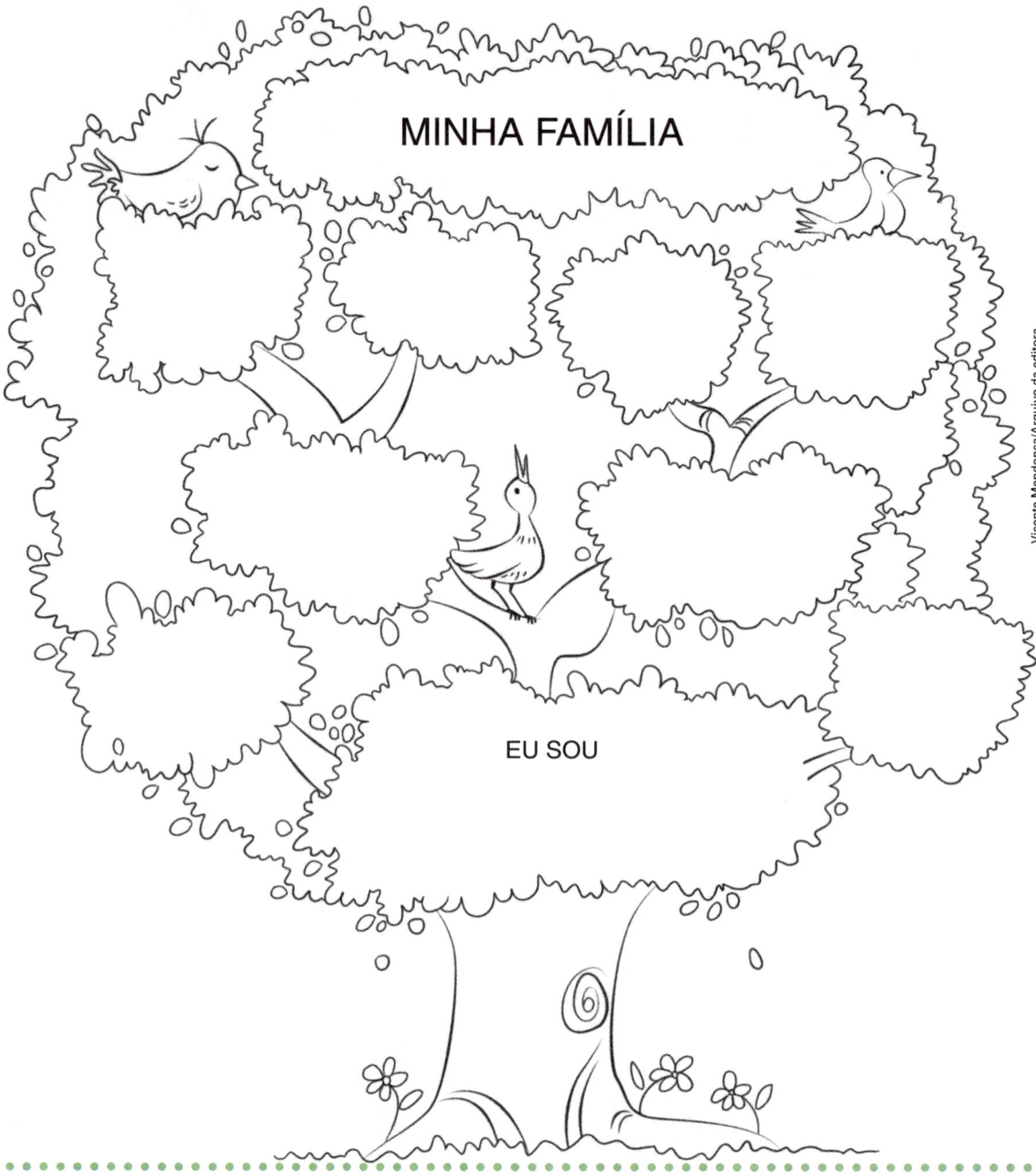

Vicente Mendonça/Arquivo da editora

2. A tirinha abaixo mostra o personagem Calvin e sua mãe. Leia a tira e depois responda às questões.

A vingança dos oprimidos, de Bill Watterson. São Paulo: Cedibra, 1991. (Calvin e Haroldo).

a) O que Calvin não queria fazer?

____

b) Por que Calvin diz sobre a mãe: "Puxa, como ela me conhece"?

____

____

c) Na sua casa acontece alguma situação parecida?

____

3. Na sua família existe alguém de que você goste mais de estar perto, brincar, conversar e fazer outras atividades? Escreva o nome dessa pessoa e conte como ela é.

____

____

____

____

____

CAPÍTULO

5 FAMÍLIAS DIFERENTES

AS PESSOAS E SUAS FAMÍLIAS

No passado, quando se falava em família, logo se imaginava o pai, a mãe e muitos filhos. Será que a realidade ainda é a mesma?

Atualmente conhecemos outros tipos de família. Observe este prédio. Em cada apartamento mora um grupo familiar diferente.

Weberson Santiago/Arquivo da editora

Algumas vezes os casais se separam. Nesses casos, os filhos, geralmente, moram alguns dias com o pai e outros dias com a mãe. Se a mãe e o pai se casam novamente ou namoram outras pessoas, podem ter mais filhos. Os filhos da primeira união podem, assim, ganhar novos irmãos por parte de pai e por parte de mãe, dando início a um novo grupo familiar.

ATIVIDADES

1 Leia o texto e responda às questões.

A família do Marcelo

A minha família é assim:

Tem meu pai, que se chama João.

Tem minha mãe, que se chama Laura.

E tem a minha irmã pequena, que se chama Aninha.

Eu ainda tenho um avô que é pai do meu pai e um avô que é pai da minha mãe.

Eu tenho uma avó que é mãe da minha mãe e uma avó que é mãe do meu pai.

Esse texto faz parte do livro **A família do Marcelo**, de Ruth Rocha. São Paulo: Moderna, 2011. p. 5-7. (Adaptado).

Li é filha adotiva de Juliana e Roberto.

Chabruken/ Getty Images

Alguns casais adotam uma ou mais crianças. Eles são pai e mãe adotivos.

a) Na família de Marcelo há mais adultos ou mais crianças?

____

____

b) Há semelhanças ou diferenças entre a família de Marcelo e a sua? Há mais semelhanças ou mais diferenças? Cite um exemplo.

____

____

____

Weberson Santiago/Arquivo da editora

2 Existem crianças que não têm família. Algumas fugiram de casa porque eram maltratadas e outras foram abandonadas. Algumas vivem em abrigos, e outras, na rua. Converse com os colegas e o professor sobre essas situações e sobre quem deveria cuidar dessas crianças.

FAMÍLIAS AO REDOR DO MUNDO

Você já pensou em como vivem as crianças em diferentes lugares do mundo? Vamos conhecer algumas dessas crianças e suas famílias.

Observe as fotos e leia as legendas para saber onde vivem as famílias e como é o modo de viver nos diferentes lugares.

Petrenko Andriliy/Shutterstock/Glow Images

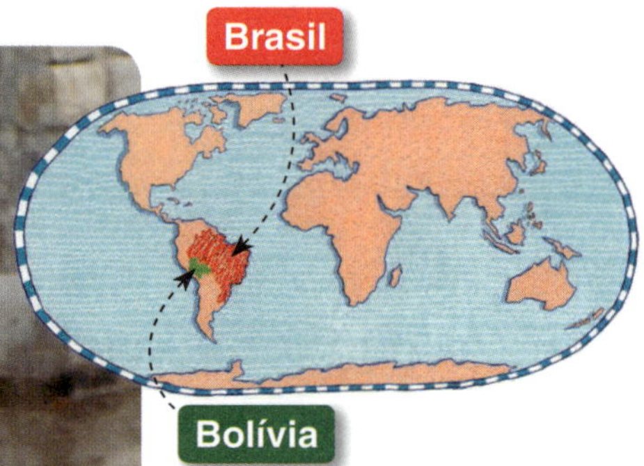

A família de Horácio vive na Bolívia. O pai trabalha em um banco e a mãe é professora. Na maior parte do ano Horácio mora na escola. Nas férias ele fica em casa com os pais. Horácio acorda às 5 horas e vai dormir às 20 horas, depois de jantar sopa de macarrão. Sua brincadeira preferida é jogar *videogame*.

Mapa ilustrativo

Horizons WWP/Alamy/Glow Images

Napirai pertence ao povo massai. Ela tem oito irmãos e vive com sua família no Quênia, na África. A brincadeira de que ela mais gosta é corrida. Seu alimento preferido é leite. Napirai geralmente vai dormir às 21 horas, mas gostaria de ir para a cama mais tarde.

Jim Brandenburg/Minden Pictures/Agência France-Presse

Esta família do povo inuíte vive no Canadá, onde faz muito frio. Siluk gosta de brincar na neve com sua irmãzinha Aluki. Seu alimento preferido é peixe. Siluk vai dormir cedo no inverno, perto das 18 horas.

ATIVIDADES

1 Complete o quadro com as informações sobre Horácio, Napirai e Siluk. Depois pinte de verde os quadrinhos que mostram semelhanças no modo de vida das crianças.

	Horácio	Napirai	Siluk
Onde vive			
Comida preferida			
Brincadeira favorita			
Horário de dormir			

2 Conte aos colegas qual das famílias você gostaria de conhecer e por quê. Depois, com o professor, faça uma pesquisa na internet sobre o país onde essa família vive.

ATIVIDADES DO CAPÍTULO

1. Leia os balões de fala e ligue cada criança ao lugar onde ela vive.

Ilustrações: Weberson Santiago/Arquivo da editora

2. Com os adesivos do **Material Complementar**, forme uma família no espaço abaixo. Você pode escolher uma família do passado ou uma família do presente.

Weberson Santiago/Arquivo da editora

a) Qual é o sobrenome da família que você criou?

____

b) Onde essa família mora?

____

c) Escreva duas atividades da rotina dessa família.

____

____

CAPÍTULO

6 FAMÍLIAS AO LONGO DO TEMPO

FAMÍLIAS DO PASSADO

No Brasil, há quase duzentos anos, antes de seus bisavós nascerem, a maior parte das famílias vivia no campo. Era comum os casais terem muitos filhos. Em geral, os homens trabalhavam fora de casa. As mulheres trabalhavam em casa cuidando dos filhos e das tarefas domésticas. Muitas mulheres também trabalhavam na lavoura ou como professoras, costureiras, lavadeiras ou cozinheiras, entre outras profissões.

A gravura de 1825 mostra uma família do Rio de Janeiro. O chefe da família vai na frente, mostrando seu poder. Atrás dele vão os filhos, a esposa grávida, a ama carregando um bebê, e os africanos escravizados. O nome da gravura é **Um funcionário a passeio com sua família**, de Jean-Baptiste Debret.

Esta gravura de 1825 mostra uma família de fazendeiros do interior do Brasil. Eles convivem com seus escravos em uma sala quase sem móveis. Uma mulher jovem está sentada na rede, e há pessoas sentadas no chão, sobre uma esteira. Nessa época não havia luz elétrica, e a iluminação era feita com velas e lamparinas de azeite.

Ao longo do tempo, o Brasil mudou. Há mais ou menos cem anos, as primeiras indústrias começaram a funcionar nas cidades. Muitas famílias saíram do campo para viver e trabalhar nas cidades. Mais mulheres passaram a trabalhar fora de casa.

Há mais ou menos cinquenta anos, muitas famílias se reuniam para ouvir rádio ou ver televisão. As famílias mais ricas podiam comprar eletrodomésticos como geladeira, aspirador de pó e máquina de lavar roupa. O número de escolas e de alunos aumentou. As crianças dispunham de mais livros para ler do que no passado.

Acervo Ed. Abril/Arquivo da editora

Família brasileira reunida em casa vendo televisão (aproximadamente 1950).

ATIVIDADE

- Pinte os quadrinhos com as cores abaixo.

  - [ ] Grande parte das famílias vivia na cidade.
  - [ ] A maioria das famílias vivia no campo.
  - [ ] As famílias utilizavam aparelhos elétricos.
  - [ ] O número de escolas e de alunos aumentou.

(verde) Há duzentos anos.

(laranja) Há cinquenta anos.

A FAMÍLIA E SUA HISTÓRIA

O dia do seu nascimento, um passeio no parque com a vovó, o dia em que seus pais se conheceram são acontecimentos que fazem parte da história da sua família. Cada família tem sua história, e ela pode ser registrada de várias maneiras.

Observe o baú de Francisco. O que ele guardou nesse baú?

Os objetos que Francisco guardou são parte da história da família dele. Por meio desses objetos podemos conhecer mais sobre Francisco, seus pais e seus avós.

Da esquerda para a direita: [1] FPG/Retrofile/Getty Images; [2] Reprodução/Memorial do Imigrante, São Paulo, SP; [3] SSLP/Getty Images; [4] Bluehand/Shutterstock/Glow Images; [5] Peteri/Shutterstock/Glow Images; [6] Sergej Razvodovskij/Shutterstock/Glow Images

A história familiar pode ser contada em fotos, cartas, documentos pessoais e objetos. E também pode ser descoberta em conversas com os mais velhos.

Leia o que Maísa descobriu.

> De tanto fazer perguntas, acabei descobrindo uma porção de histórias sobre a minha família. Fiz uma lista das minhas curiosidades favoritas. [...]
>
> Minha avó tinha tanto medo de lagartixa quanto eu!
>
> A minha voz é igualzinha à da minha avó.
>
> O prédio onde meu pai nasceu, no largo dom Pedro, no centro da cidade de São Paulo, existe até hoje.
>
> Esse texto faz parte do livro **A árvore da família**, de Maísa Zakzuk. São Paulo: Panda Books, 2007. p. 28-29. (Adaptado).

ATIVIDADE

- Marque com um **X** a resposta correta.

a) Com 1 eu posso descobrir:

☐ quais alimentos uma família comia.

☐ quais passeios uma família fazia.

b) Com 2 eu posso descobrir:

☐ o sobrenome de uma família.

☐ a rotina de uma família.

c) Com 3 eu posso descobrir:

☐ a rotina da minha família.

☐ os acontecimentos de outra época.

1

Caderno de receitas antigo.

2

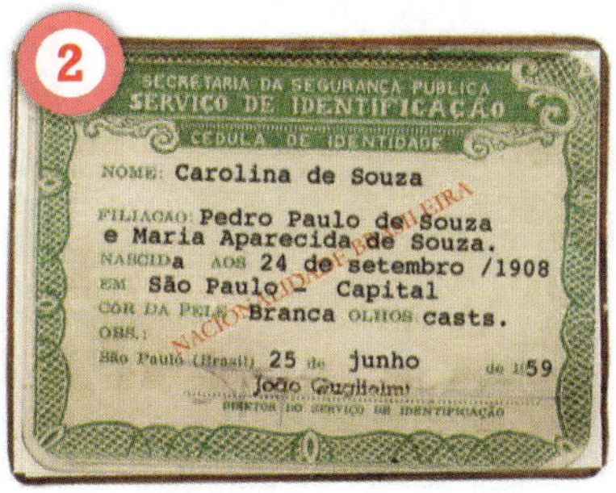

SECRETARIA DA SEGURANÇA PÚBLICA
SERVIÇO DE IDENTIFICAÇÃO
CÉDULA DE IDENTIDADE
NOME: Carolina de Souza
FILIAÇÃO: Pedro Paulo de Souza
e Maria Aparecida de Souza.
NASCIDA AOS 24 de setembro /1908
EM São Paulo Capital
COR DA PELE Branca OLHOS casts.
OBS.:
São Paulo (Brasil) 25 de junho de 1959
João Guglielmi
DIRETOR DO SERVIÇO DE IDENTIFICAÇÃO

Carteira de identidade antiga.

3

FOLHA DE S.PAULO
São Paulo faz o maior comício
Figueiredo envia emenda e apela por negociação

Jornal antigo.

ATIVIDADES DO CAPÍTULO

1. Leia o texto e depois faça o que se pede.

Um dia desses, enquanto vovô andava pelo sítio, vovó tirou uma porção de coisas do armário e começou a me contar suas histórias. Primeiro, ela pegou uma caixa bonita de madeira [...].

– O que é que tem dentro desta caixa, vovó? São conchinhas?

– Quando eu ia para Nova Viçosa, na Bahia, gostava de andar na praia e de ajuntar conchinhas.

– E a senhora também usava biquíni?

– Biquíni? Imagine! Eu nem sabia o que era isso!

Esse texto faz parte do livro **Os guardados da vovó**, de Nye Ribeiro. Valinhos: Roda & Cia., 2009. p. 14 e 17.

a) Sublinhe no texto quem contou as histórias sobre o passado e o que havia dentro da caixa.

b) Assinale os objetos que uma pessoa não conhecia em 1915.

Normalliens/Shutterstock

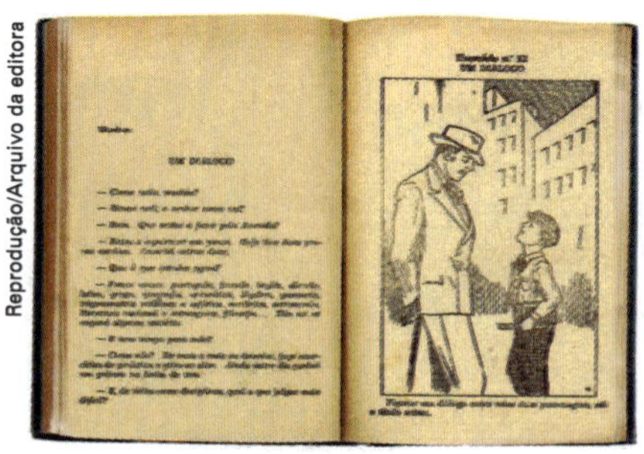

Reprodução/Arquivo da editora

Scythers/Shutterstock

Sergey Peterman/Shutterstock

2. Observe as imagens. A foto 1 apresenta uma família do passado ou do presente? E a foto 2? Como podemos saber? Escreva uma semelhança e uma diferença entre as famílias das fotos.

Norman Smith/Fox Photos/Getty Images

2007 David Oldfield/Stock Imagge/Getty Images

3. Em casa, escolha um objeto da sua família. Pense em algo que é importante para vocês. Depois, observe o objeto que você escolheu e responda às questões no caderno. Compartilhe com os colegas os resultados da sua observação.

- Qual objeto você escolheu?
- Para que ele é usado?
- Quem usa esse objeto? Com que frequência?
- Quais informações sobre a história da sua família você pode conhecer observando esse objeto?

4. Faça um baú de recordações usando o **Material Complementar**.

ENTENDER O TEMPO HISTÓRICO

Observe a fotografia da família Bernadi. Essa foto foi tirada em 1920, no estado do Paraná. É uma família de italianos, que vieram do país chamado Itália para viver no Brasil.

Muitas fotos como essa são guardadas pelas famílias. Fotografias e documentos antigos, como cartas, moedas e selos, também são conservados em bibliotecas, arquivos e museus. Todos esses documentos nos ajudam a entender melhor uma época.

Arquivo Histórico Municipal João Spadari Adami

Família Bernadi em Cambé, Paraná, 1920.

Fabiana Salomão/Arquivo da editora

Em dupla, converse com seu colega sobre o que mais chamou sua atenção na fotografia. Depois responda às questões.

a) Há quantos anos a foto foi tirada?

____

____

b) Quantas pessoas aparecem na fotografia? Onde elas estão?

____

____

____

c) Como são as roupas das pessoas? Há diferenças entre as roupas das crianças e dos adultos?

____

____

____

____

____

d) Hoje é comum usar roupas como as da fotografia? Como você se veste quando está em casa ou sai para passear?

____

____

____

____

____

Fabiana Salomão/Arquivo da editora

LER E ENTENDER

Leia a letra desta canção, que fala de um assunto que você estudou nesta Unidade.

Vovô

Quando vejo o meu vovô
Que é pai do meu papai
Penso que um tempo atrás
Ele era o que eu sou
Agora sou criança
E o vovô também já foi
A vida é uma balança
Ontem, hoje e depois
Amanhã talvez quem sabe
Eu serei um outro avô
E o filho do meu filho
Será o que hoje eu sou
Ontem, hoje e depois
Ontem, hoje e depois
Ontem, hoje e depois

A letra da canção **Vovô**, de Paulo Tatit e Edith Derdyk, está disponível em: <www.letras.com.br/#!palavra-cantada/vovo>. Acesso em: 17 set. 2015.

Vicente Mendonça/Arquivo da editora

ANALISE

1. Você gostou da letra da canção? Por quê?

____

____

2. De acordo com a letra da canção, o avô também já foi:

☐ criança. ☐ tio. ☐ irmão.

3. A letra dessa canção se parece com algum outro texto que você conhece? Qual?

____

____

4. De acordo com a letra da canção, é correto afirmar que:

☐ avô é o mesmo que pai do pai.

☐ as crianças nunca envelhecem.

RELACIONE

5. Quais membros da família foram mencionados nessa canção?

____

6. As palavras **ontem**, **hoje** e **depois** que aparecem na canção indicam partes ou momentos da história de uma pessoa. Complete o quadro com informações sobre você.

Nome/idade	
Ontem eu era	
Hoje eu sou	
Amanhã eu serei	

O QUE APRENDI?

Estúdios Walt Disney/Collection Christophel/AGB Photo

1. A imagem que você viu no início da Unidade é uma cena do filme **Divertida Mente**. Nesse desenho animado, a garota Riley, de 11 anos, enfrenta mudanças em sua rotina quando seus pais decidem mudar para outra cidade.

- Você já passou por uma situação parecida? Escreva um pouco sobre isso.

____

____

____

2. No filme, vemos que no cérebro de Riley convivem várias emoções diferentes: a Alegria, o Medo, a Raiva, o Nojinho e a Tristeza. Você acha que isso só acontece no filme ou também é assim na vida das pessoas?

____

____

3. Converse com os colegas e o professor sobre as emoções que todos nós sentimos. Depois, faça o seguinte:

a) Em uma folha avulsa, faça um desenho mostrando um acontecimento que deixou você muito alegre. Dê um título ao desenho.

b) Em outra folha, faça um desenho mostrando um fato que provocou tristeza ou medo em você. Dê um título ao desenho.

c) O professor vai organizar os desenhos da turma em um mural. Escolham um título para o mural, pensando no que ele representa.

4. No Capítulo 5, você conheceu diferentes famílias que vivem ao redor do mundo. Agora pense: o lugar onde cada família vive faz diferença na rotina dela? Por exemplo: faz diferença viver em um lugar muito quente ou em um lugar muito frio? Por quê?

____

____

____

5. Veja abaixo os objetos antigos que ilustraram o Capítulo 6.

Milton Carelo/Arquivo da editora

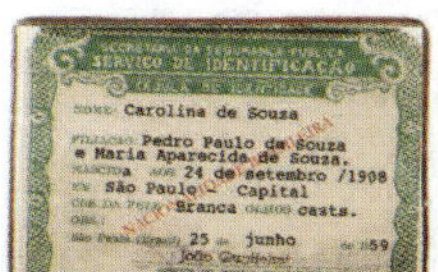

Reprodução/Folhapress

Arquivo Histórico Municipal João Spadari Adami

FOLHA DE S.PAULO
São Paulo faz o maior comício
Figueiredo envia emenda e apela por negociação

Reprodução/Fernando Moraes/Arquivo da editora

- Agora escolha um deles e escreva como esse objeto pode nos ajudar a conhecer a vida em outra época.

____

____

____

UNIDADE

3 IR PARA A ESCOLA

Aula ao ar livre em escola da cidade de Loei, na Tailândia, em 2014.

Suphachok Rengsomboon

- Na escola da foto os alunos têm algumas aulas no jardim. Isso acontece na sua escola?
- Você acha que as crianças da foto têm as mesmas aulas que você? Como você imagina que é a rotina delas?

CAPÍTULO

7 CONHECENDO A ESCOLA

A ESCOLA ONDE VOCÊ ESTUDA

Você gosta de ir para a escola? Ou você reclama porque precisa ir? Você já imaginou como seria se não pudesse ir à escola?

Como você viu no **Estatuto da Criança e do Adolescente** (Unidade 1), toda criança tem o direito de ir à escola. Na escola você aprende coisas novas, brinca com os colegas, conhece pessoas diferentes e pode fazer novos amigos.

Veja nas fotos algumas escolas em diferentes lugares do Brasil.

Professor e alunos em escola indígena do povo pataxó da Aldeia da Jaqueira, na Bahia, 2014.

Renato Soares/Pulsar Imagens

Eduardo Zappia/Pulsar Imagens

Filhos de agricultores aprendem atividades do campo em escola agrícola de Independência, no Ceará, 2013.

Cesar Diniz/Pulsar Imagens

Professor e alunos em escola municipal de Alcântara, no Maranhão, 2014.

ATIVIDADES

1 Observe as escolas da página ao lado. Elas são parecidas com a sua escola? Por quê?

____

____

2 Entreviste um colega e tente adivinhar o lugar da escola que ele prefere.

Vicente Mendonça/Arquivo da editora

a) Faça as perguntas do quadro abaixo e escreva as respostas no espaço indicado. Depois é a sua vez de responder. Seu colega anotará suas respostas no livro dele.

Características do lugar	Respostas
É grande ou pequeno?	
É utilizado para brincar?	
É utilizado para praticar esportes?	
É utilizado para leitura?	
É utilizado para comer ou beber?	
Quem fica com os alunos?	

b) Leia as características, tente descobrir qual é o lugar e escreva abaixo. Depois confira com seu colega se você acertou.

____

____

ESTAR NA ESCOLA

Quanto tempo você fica na escola? Além dos professores e dos alunos, há outras pessoas na escola em que você estuda? Quem são e o que fazem essas pessoas?

A escola é um lugar onde as pessoas costumam passar muito tempo juntas. Na escola convivemos com colegas, professores e funcionários.

Edson Sato/Pulsar Imagens

Crianças do povo guarani-kaiowá na hora da merenda em escola indígena, em Amambai, Mato Grosso do Sul, 2012.

Julien Pereira/Fotoarena

Na escola temos uma rotina. Há hora para as aulas, para o descanso e para as brincadeiras. Cada um tem suas tarefas, e todos devem colaborar para que a escola seja um lugar agradável de estar e de aprender.

Alunos mostram produtos da horta que cultivam em escola de Poá, em São Paulo, 2013.

Como todos podem colaborar para a boa convivência na escola?

Veja ao lado algumas atitudes que ajudam a criar um ambiente agradável na escola.

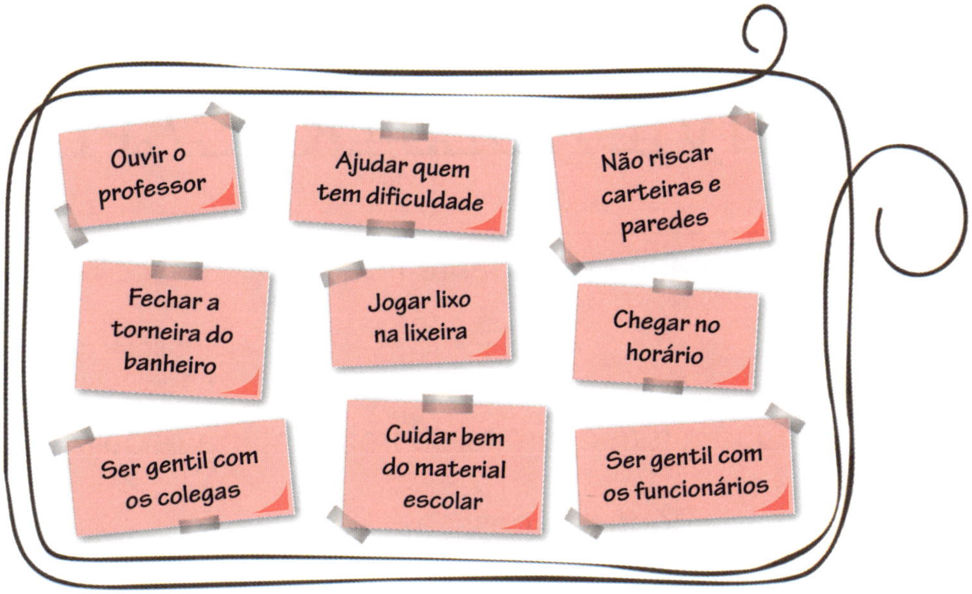

ATIVIDADE

- A ilustração mostra a sala de aula de uma escola.

Vicente Mendonça/Arquivo da editora

a) Os alunos cuidam bem da sala onde estudam? Como você descobriu?

____

____

b) Você gostaria de estudar em um lugar assim? Por quê?

____

c) Como você e seus colegas cuidam da sala de aula?

____

ATIVIDADES DO CAPÍTULO

1. Você acha importante frequentar a escola? Por quê?

____

2. Quem tem o direito de frequentar a escola? Marque com um **X**.

☐ Todas as pessoas. ☐ Somente algumas pessoas.

3. Complete com as informações sobre a escola em que você estuda.

Minha escola se chama: ______________________

Minha professora/Meu professor é: ______________________

A diretora/O diretor é: ______________________

Quem cuida da gente na saída é: ______________________

Quem limpa a escola é: ______________________

4. Complete o quadro com atividades que você faz na escola.

Todos os dias	Algumas vezes

a) Escreva **S** (de **SIM**) ao lado das atividades de que você mais gosta.

b) Escreva **N** (de **NÃO**) ao lado das atividades de que você não gosta.

5. Leia o bilhete que Sílvio escreveu e depois responda às questões.

> Mãe,
>
> Não quero ir mais para a escola. Todos os dias o Ricardo e a turma dele riem de mim e me batem na hora do recreio só porque eu sou gordo. Ninguém mais fala comigo, tenho medo deles. Fico muito nervoso e choro. A professora não vê. Ela acha que eu não presto atenção na aula. Me ajuda quando você chegar hoje do trabalho?
>
> Sílvio

a) Por que Sílvio não quer mais ir para a escola?

b) A professora de Sílvio sabe o que está acontecendo com ele?

c) Já aconteceu uma situação parecida com você? Você tem um colega ou amigo que teve esse tipo de problema? Conte ao professor e aos colegas o que ocorreu.

CAPÍTULO 8

A ESCOLA DE CADA UM

A ESCOLA ONDE ESTUDO

O que não pode faltar em uma escola? Alunos e professores!

Mas será que todas as escolas são iguais? Observe as imagens e leia o que os alunos dizem sobre cada uma.

Rob Lewine/Terra Images/Getty Image

João Prudente/Pulsar Imagens

Escola na comunidade de Galileia em Caparaó, Minas Gerais, 2014.

Natalia Lekecinskiene/Acervo Summer Hill

Escola Summerhill em Suffolk, Inglaterra, 2015.

Catalin Petolea/Alamy/Glow Images

Edson Sato/Pulsar Imagens

Escola indígena yanomami na aldeia Kolulu, em Amajari, no estado de Roraima.

Fabio Colombini/Acervo do fotógrafo

O tipo de construção, o espaço para estudar e brincar, a organização das salas e das aulas, o que os professores ensinam e o material escolar variam de uma escola para outra. O dia a dia também pode ser bem diferente em cada escola.

ATIVIDADES

1 Releia nos balões de fala o que cada aluno conta da escola onde estuda e depois responda às questões.

a) Por que Peter só vê os pais nas férias?

____

b) O que Bakú e Piã-Tatá aprendem na escola indígena? E fora dela?

____

____

____

c) O que Jéssica faz na escola além de estudar?

____

2 Converse com os colegas e o professor sobre as semelhanças e as diferenças entre as escolas mostradas e a escola onde vocês estudam.

O QUE APRENDEMOS NA ESCOLA

Você já pensou em quantas coisas aprende na escola? Pode ter aprendido a ler, a escrever, a fazer contas. Também conheceu mais sobre você e sobre os outros, sobre o lugar onde vive e os acontecimentos do passado.

E no dia a dia, como você pode usar o que aprende na escola? Pode ler uma placa na rua, escrever um bilhete ou contar o troco quando compra um lanche, por exemplo. Também pode usar seus conhecimentos para descobrir um segredo do passado!

Leia o que Gabi escreveu há muitos anos e descubra o segredo dela.

Vicente Mendonça/Arquivo da editora

Meu diário

23 de setembro de 1996

Já é de noite. Estou escrevendo para contar um segredo que eu tenho e ninguém sabe!

Outro dia eu estava indo para a escola e encontrei o Lino na rua. Ele estava magro e fraco, com o pelo sujo de lama. Eu fiquei com pena e levei ele para um terreno perto da padaria.

Todos os dias eu chego da escola e vou almoçar. Depois pego um pouco de comida e vou até o terreno. Lá eu fiz uma casinha e deixei uma lata com água. Quando eu chego, meu amigo late e pula de alegria. Nós brincamos de corrida e jogamos bola.

Amanhã vou pedir para meus pais se o meu amigo pode morar aqui com a gente.

Vicente Mendonça/Arquivo da editora

ATIVIDADES

1 Em que ano Gabi escreveu o texto no diário?

____

2 Qual é o segredo de Gabi?

____

____

____

3 Quem é o amigo de Gabi? Como você descobriu?

____

____

4 Circule o que você aprendeu na escola e que o ajudou a descobrir o segredo de Gabi e a responder às perguntas.

LER PINTAR DESENHAR ESCREVER CONTAR

5 Você tem um amigo como o de Gabi? Converse sobre ele com os colegas e o professor.

Você tem um diário como Gabi? O diário é um caderno especial onde podemos escrever sobre nossos sentimentos, segredos e coisas que acontecem com a gente.

ATIVIDADES DO CAPÍTULO

1. Leia o texto abaixo e depois faça o que se pede.

Rodízio escolar

Uma semana de aula, uma semana em casa; uma de aula, uma em casa... Essa é a escola dos seus sonhos? Pois ela existe na vida real: é a Casa Familiar Rural Capanema/Planalto. Na segunda-feira, os alunos entre 12 e 18 anos chegam à escola rural de mala e cuia para permanecer uma semana por lá em regime de internato. Além das aulas tradicionais, eles aprendem técnicas de agricultura, lavam louça e varrem as salas de aula e os alojamentos. Na sexta-feira retornam e ficam uma semana sem ir à escola, fazendo lições de casa e testando nas roças de seus pais o que aprenderam com os professores. A volta às aulas? Dez dias depois, na outra segunda.

O texto **Escolas muito loucas**, de Viviane Palladino, está disponível em: <http://educarparacrescer.abril.com.br/comportamento/escolas-diferentes-425293.shtml>. Acesso em: 30 set. 2015. (Adaptado).

agricultura: cultivo da terra para plantar, lavoura.

alojamentos: locais onde pessoas se hospedam por algum tempo.

de mala e cuia: com sua bagagem, seus pertences.

internato: escola onde os alunos estudam e moram.

roças: pedaços de terra onde se cultivam milho, feijão, frutas, etc.

Casa Familiar Rural Capanema/Planalto, em Capanema, no Paraná, 2015.

a) Marque com um **X** a linha que representa o esquema de aulas dos alunos da escola apresentada no texto.

☐	SEMANA EM CASA	SEMANA EM CASA	SEMANA NA ESCOLA
☐	SEMANA NA ESCOLA	SEMANA NA ESCOLA	SEMANA EM CASA
☐	SEMANA NA ESCOLA	SEMANA EM CASA	SEMANA NA ESCOLA

b) Como os alunos ajudam a manter a escola do texto limpa e organizada?

____

c) De acordo com o texto, quando e onde os alunos usam o conhecimento que adquiriram na escola?

____

____

2. Em dupla, imaginem uma escola diferente da escola em que vocês estudam. Conversem sobre isso, e depois responda nas linhas abaixo.

a) Como seria essa escola? Qual seria o nome dela?

b) Qual seria o horário de entrada dos alunos?

c) Que atividades os alunos fariam? O que eles aprenderiam?

____

____

____

____

____

LEITURA DE IMAGEM

TAMBÉM APRENDEMOS SOBRE SAÚDE NA ESCOLA

Você sabia que lavar as mãos com água e sabão ajuda a evitar muitas doenças? Vamos aprender mais sobre isso?

OBSERVE

Djoko Kristiono/Corbis/Latinstock

Dia Mundial de Lavar as Mãos, 15 de outubro, em Java, na Indonésia. Foto de 2012.

Sunil Sharma/Xinhua Press/Corbis/Latinstock

Dia Mundial de Lavar as Mãos em Mandaluyong, nas Filipinas, em 2014.

Rouelle Umali/Xinhua Press/Corbis/Latinstock

Dia Mundial de Lavar as Mãos em Catmandu, no Nepal, em 2015.

ANALISE

1. Analise as fotos da página ao lado.
   a) O que você vê na foto 1?

   b) O que está acontecendo nas fotos 2 e 3?

Reprodução/ONU

RELACIONE

2. Preste atenção no texto que o professor vai ler.

> É muito importante lavar as mãos com água e sabão várias vezes ao dia. De manhã ao levantar, depois de ir ao banheiro, antes de comer, depois de brincar e sempre que você se lembrar. Mãos limpas ajudam a evitar doenças e garantem mais saúde para você.
>
> Texto extraído do cartaz **Dia Mundial de Lavar as Mãos**. Programa Saúde na Escola. Ministério da Educação (MEC)/Ministério da Saúde, 2011.

   a) Depois de observar as fotos e de ouvir o que o professor leu, você acha que é importante lavar as mãos? Por quê?

   ____

   b) Como você lava as mãos na escola? Você usa sabão?

   ____

   c) Em que situações você lava as mãos? Quantas vezes por dia você faz isso?

   ____

   ____

3. Agora que você já sabe a importância de lavar as mãos e como deve lavá-las, junte-se aos colegas e façam cartazes para ensinar isso às outras turmas. Vocês podem desenhar o símbolo do Dia Mundial de Lavar as Mãos que está na alto desta página.

CAPÍTULO

9 ESTUDAR NO PASSADO

ESCOLAS DE ANTIGAMENTE

Observe a fotografia de uma escola do passado.

Buyenlarge/Getty Images

Sala de aula de meninos da Escola Caetano de Campos, na cidade de São Paulo, em 1910.

Agora observe a sua sala de aula. Nela há meninos e meninas? Vocês brincam juntos na hora do recreio?

Até cem anos atrás, só meninos podiam frequentar a escola. Quando as meninas começaram a ir para a escola também, elas ficavam em classes separadas dos meninos.

Naquela época, em muitas escolas todos estudavam Matemática, Língua Portuguesa, História e Geografia. Mas as aulas de Educação Física, por exemplo, eram só para os meninos. E só as meninas tinham aulas de costura e bordado e aprendiam a cozinhar.

Antigamente muitos professores castigavam os alunos que não faziam suas tarefas ou desrespeitavam os mais velhos. Era comum os alunos receberem puxões de orelha ou ficarem de castigo em pé no canto da sala. Hoje isso não é mais permitido.

ATIVIDADES

1 Leia as frases sobre as escolas do passado e do presente. Depois pinte usando as cores ao lado.

Escola do presente

Escola do passado

☐ Meninos e meninas podem estudar juntos.

☐ Meninos e meninas aprendem algumas matérias diferentes.

2 Observe as imagens e depois responda às questões no caderno.

Fernando Favoretto/Criar Imagem

GP Library Ltd./Alamy/Latinstock

Eduardo Santaliestra/Arquivo da editora

Fernando Favoretto/Criar Imagem

a) Como eram os uniformes escolares antigamente? Que mudanças você observa nos uniformes escolares ao longo do tempo?

b) Na escola em que você estuda, o uso de uniforme é obrigatório?

c) O que você gosta de vestir para ir à escola?

MATERIAL ESCOLAR

Como seria se você não tivesse livros, cadernos, canetas e lápis para estudar e fazer suas lições? E se você não tivesse livros, revistas e internet para fazer pesquisas?

O material escolar ajuda você a estudar. Por exemplo: você faz anotações e atividades no caderno e depois pode ler o que escreveu para recordar.

Será que no passado as crianças também usavam material escolar? Observe o desenho de uma sala de aula antiga.

Vicente Mendonça/Arquivo da editora

O LIVRO DIDÁTICO

Você sabia que seus livros de Língua Portuguesa, de Matemática, de Ciências, de Geografia e este que você está lendo, de História, são livros didáticos? São livros feitos especialmente para ensinar. Antigamente os livros didáticos de História tinham longos textos e quase não havia imagens. Os alunos eram obrigados a decorar muitas datas de acontecimentos.

Página de livro didático de Geografia escrito por Aroldo de Azevedo e publicado no Brasil em 1947.

ATIVIDADE

- No passado era comum usar o mata-borrão na escola. Veja nos desenhos como ele era usado e depois faça a atividade.

a) Leia as frases e numere-as na ordem correta.

☐ O mata-borrão era colocado sobre o texto escrito para absorver o excesso de tinta.

☐ Assim a folha de papel ficava limpa, sem manchas.

☐ Quando a pena da caneta estava com tinta demais, podia escorrer e manchar a folha.

b) Que material você usa para apagar o que escreveu no papel?

____

ATIVIDADES DO CAPÍTULO

1. Por que o cuidado com o livro didático é importante? Faça um **X** nas respostas corretas.

   - [ ] Porque outras pessoas podem usá-lo depois de nós.
   - [ ] Porque, quando não usamos mais o livro, devemos jogá-lo no lixo.
   - [ ] Porque poderemos utilizá-lo sempre que precisarmos.

2. Leia o que Maria Apparecida conta sobre uma aula no ano de 1937.

> A professora picava os jornais e mandava a gente tirar as letras dele e fazer uma cópia. Eu aprendi a ler e escrever assim. A professora também lia histórias. História antiga, história da "Chapeuzinho Vermelho". Ela lia e depois pedia a cada aluno que se levantasse e contasse a história que ouviu. Depois, ela perguntava: "Vocês são capazes de escrever alguma coisinha?". E a criança ficava fazendo desenhos.
>
> O depoimento de Maria Apparecida Guimarães Oliveira está disponível em: <www.crmariocovas.sp.gov.br/pdf/maria_aparecida.pdf>. Acesso em: 1º out. 2015. (Adaptado).

a) Como Maria Apparecida aprendeu a ler e escrever? E você, aprendeu do mesmo jeito?

____

____

b) Faça como a professora de Maria Apparecida e conte uma história para um colega. Depois seu colega deve fazer um desenho sobre a história. Em seguida, ele vai contar uma história para você, que também vai fazer um desenho sobre a história que ouviu.

3. Há quase 3 mil anos, no Egito, poucas crianças sabiam ler e escrever. Elas aprendiam os hieróglifos, símbolos que representam sons.
Veja no quadro ao lado alguns hieróglifos e a que letras do nosso alfabeto eles correspondem.

- Agora escreva seu nome com hieróglifos. Invente símbolos para as letras que faltam no quadro.

____

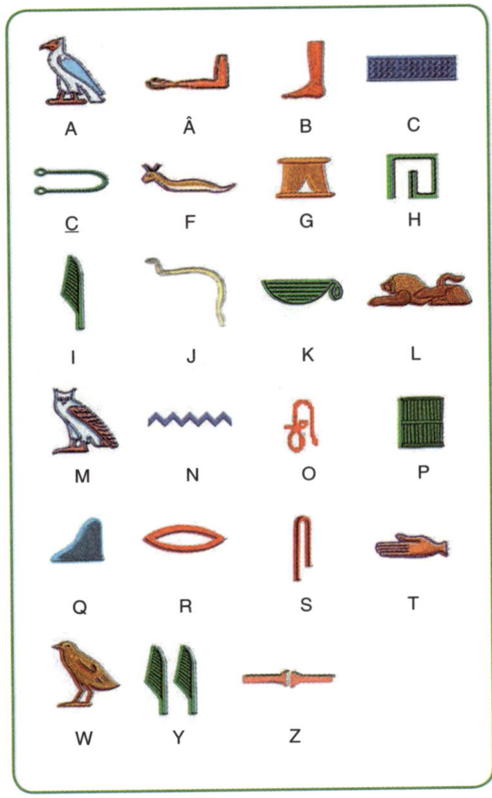

Reprodução/<www.fascinioegito.sh06.com/decifra.htm>

4. Leia as frases sobre o material que os egípcios usavam para escrever. Depois cole os adesivos do **Material Complementar** no local correto.
Os egípcios escreviam em folhas feitas de uma planta chamada papiro.
As tintas para escrever ficavam em uma pequena tábua de madeira com buraquinhos chamada paleta.

Mozart Couto/Arquivo da editora

ENTENDER O TEMPO HISTÓRICO

Arquivo Público do Estado de São Paulo, São Paulo, SP.

Esta foto foi tirada em 1908, na Escola Normal Caetano de Campos, na cidade de São Paulo. A fotografia está guardada no Arquivo Público do Estado de São Paulo. Nesse local, encontram-se fotos, jornais e outros documentos que podem ser consultados pela população.

Fabiana Salomão/Arquivo da editora

1. Observe a fotografia e leia a legenda para responder às perguntas.

a) Em que ano e lugar a fotografia foi tirada?

____

b) Quem aparece na imagem? Há mais adultos ou mais crianças?

____

____

c) O que as crianças estão fazendo?

____

d) Você já aprendeu a tocar algum instrumento musical na escola? Se não, gostaria de aprender? Qual(is)?

____

2. Converse com uma pessoa mais velha para saber como era o dia a dia dela na escola.

a) Faça as perguntas abaixo e anote as respostas.

- Qual é o seu nome? E a sua idade?

____

- Em que escola você estudou?

____

- Como era a sala de aula?

____

- Os alunos usavam uniforme?

____

- Quais atividades eram feitas todos os dias?

____

____

- Quais eram suas brincadeiras favoritas na hora do recreio?

____

____

- Você ainda tem amigos do tempo da escola?

____

Fabiana Salomão/Arquivo da editora

b) Conte aos colegas o que você descobriu na entrevista. Se possível, mostre a eles alguma coisa da pessoa entrevistada: fotografias, cadernos, livros ou outro material escolar da pessoa que você entrevistou.

LER E ENTENDER

O texto a seguir faz parte de um livro de Ziraldo. Você conhece esse autor? O mineiro Ziraldo Alves Pinto é o criador do personagem Menino Maluquinho. Você já leu algum livro de Ziraldo?

Quando ela entrou pela primeira vez na nossa sala e falou que ia ser nossa professora naquele ano, todas as meninas quiseram ser lindas como ela e todos os meninos quiseram crescer na mesma hora pra poder casar com ela.

A primeira chamada que ela fez foi assim: mandou cada um de nós escrever o nome de um outro aluno. O nome por inteiro. "Grande vantagem saber escrever seu próprio nome" – ela brincou. Depois embaralhou os nomes de todos nós e mandou que a gente arrumasse tudo direitinho na exata ordem do ABC.

Esse texto faz parte do livro **Uma professora muito maluquinha**, de Ziraldo. São Paulo: Melhoramentos, 2009. p. 22-25.

Ziraldo/Ed. Melhoramentos

Jacques Cheuiche/Downtown Filmes

Cena do filme **Uma professora muito maluquinha**, de 2011.

ANALISE

1. Quem é(são) o(s) personagem(ns) principal(is) da história que você leu?

☐ as meninas ☐ a professora ☐ os meninos

2. Como reagiram as meninas e os meninos ao conhecer a nova professora?

____

____

3. A pessoa que conta uma história recebe o nome de narrador. Sobre isso, responda:

a) Quem é o narrador dessa história? ______________________

b) Esse narrador:

☐ conta a história sem participar dela.

☐ conta a história e participa dela.

RELACIONE

4. Na escola onde você estuda, o professor faz chamada como na história da página ao lado?

____

____

5. Na história que você leu, meninas e meninos estudam na mesma sala. Isso mostra que a história se passa em:

☐ uma escola de mais de cem anos atrás. ☐ uma escola atual.

O QUE APRENDI?

Suphachok Rengsomboon

1. Nos textos e imagens desta Unidade você conheceu escolas diferentes da sua escola?

____

____

____

____

2. Pensando nisso, responda:
O que sua escola não tem e que você gostaria que tivesse?

____

____

3. Leia o relato abaixo sobre uma situação vivida na escola.

> Todos os dias, Marco sai da classe com seu amigo Danilo, que sempre deixa restos de lápis apontado espalhados pelo chão. Certo dia Marco perguntou ao amigo por que ele fazia isso, em vez de jogar a sujeira no lixo. Danilo respondeu: “Porque depois alguém vai limpar a classe mesmo...”.

- O que você acha da atitude de Danilo?

____

4. Usando o **Material Complementar**, faça um cartão-postal para um amigo contando sobre a sua escola. Ilustre seu cartão com um desenho.

Szasz-Fabian Jozsef/Shutterstock

Designsstock/Shutterstock

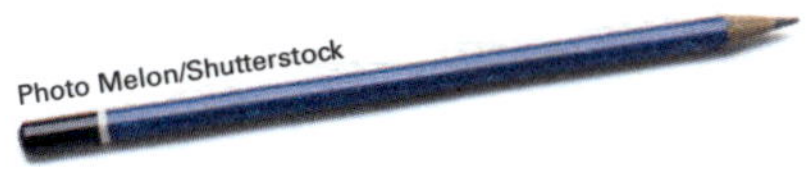

Photo Melon/Shutterstock

5. No Capítulo 9 você viu algumas diferenças entre as escolas do passado e as do presente. Observe as imagens e depois responda às questões.

Harmpeti/Shutterstock

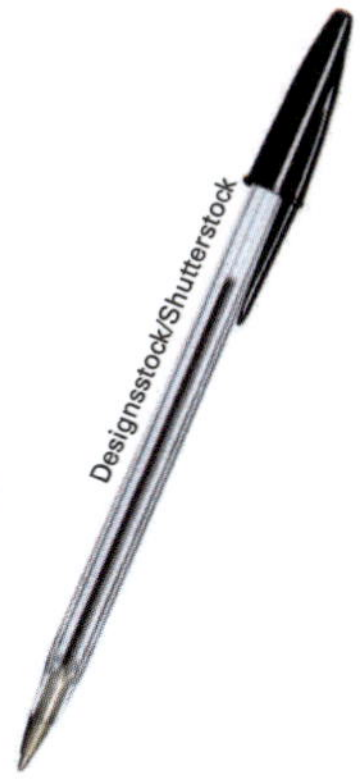

Designsstock/Shutterstock

Jim Barber/Shutterstock

Harmpeti/Shutterstock

Carolyn Franks/Shutterstock

Designsstock/Shutterstock

Julia Ivantsova/Shutterstock

a) Quais desses objetos eram usados nas escolas do passado?

____

____

b) Quais desses objetos são usados nas escolas atuais?

____

____

c) Qual(is) desses objetos era(m) usado(s) no passado e ainda é(são) usado(s) no presente?

____

UNIDADE 4

MORAR EM UM BAIRRO

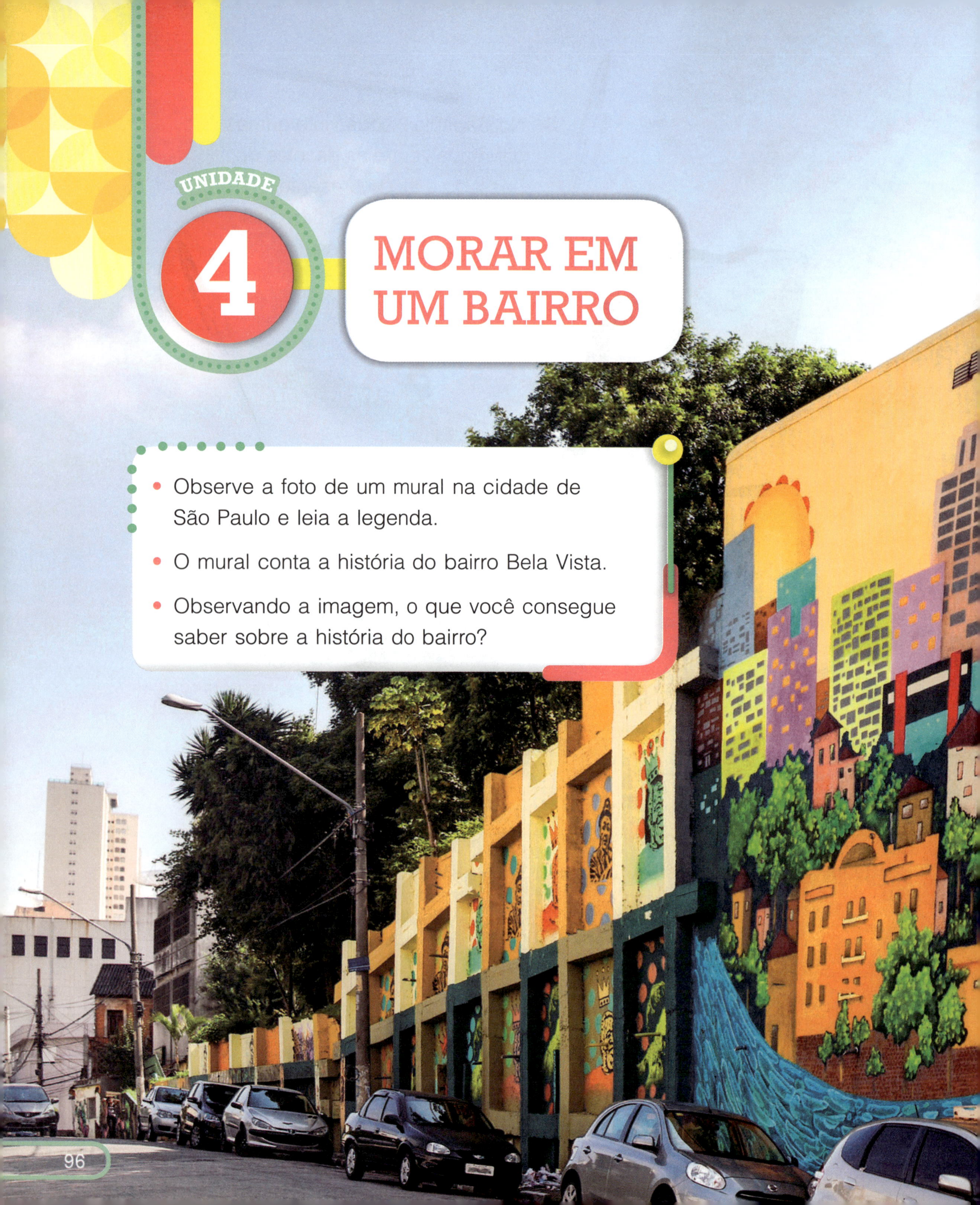

- Observe a foto de um mural na cidade de São Paulo e leia a legenda.
- O mural conta a história do bairro Bela Vista.
- Observando a imagem, o que você consegue saber sobre a história do bairro?

Sérgio Dotta Jr./Arquivo da editora

Mural no bairro Bela Vista, na cidade de São Paulo, estado de São Paulo. Pintado pelo artista paulistano Ricardo Pennino, o mural conta um pouco da história do bairro e de seus moradores. Foto de 2015.

CAPÍTULO

10 O LUGAR ONDE MORAMOS

NOSSA CASA

O que é uma casa? Moradia, habitação, lar, residência são outras palavras para dizer **casa**.

Mas será que uma casa é só isso? O que sua casa significa para você?

Leia um poema de Adélia Prado. Nele, a poeta mineira fala sobre uma casa onde viveu.

IMPRESSIONISTA

Uma ocasião,
meu pai pintou a casa toda
de alaranjado brilhante.
Por muito tempo moramos numa casa,
como ele mesmo dizia,
constantemente amanhecendo.

Esse poema faz parte do livro **Bagagem**, de Adélia Prado. Rio de Janeiro: Record, 2003.

Vicente Mendonça/ Arquivo da editora

ATIVIDADES

1 O poema descreve um acontecimento. Qual?

____

____

- O que o pai dela dizia? Por quê?

  ____

  ____

2 E sua casa, como é? Escreva um pouco sobre ela.

____

- O que sua casa tem que é importante para você e sua família? Explique.

  ____

  ____

3 Na sua casa, onde você:

a) faz as refeições? ______________________________

b) brinca? ______________________________

c) toma banho? ______________________________

d) dorme? ______________________________

4 Você tem um lugar preferido na sua casa? Qual é? Escreva o nome desse lugar na linha abaixo e depois desenhe-o no caderno.

Meu lugar preferido em casa é:

____

____

DIFERENTES TIPOS DE CASA

Por que as pessoas precisam de uma casa? As casas são todas iguais? Observe as imagens e converse com os colegas e o professor sobre essas questões.

Edson Grandisoli/Pulsar Imagens

Esta moradia é uma palafita, casa apoiada em estacas, construída nas margens do rio Negro, em Iranduba, no estado do Amazonas. Foto de 2015.

Fabio Colombini/Acervo do fotógrafo

Casa de barro socado em Parelheiros, no estado de São Paulo. Esse tipo de construção era mais comum no passado. Foto de 2015.

João Prudente/Pulsar Imagens

Muitas pessoas moram em apartamento, também um tipo de casa. Na foto, edifício residencial em Caratinga, no estado de Minas Gerais. Foto de 2015.

Zanone Fraissat/Folhapress

Morador de rua dorme na ciclovia da avenida Paulista, na cidade de São Paulo, no estado de São Paulo. Foto de 2015.

Há casas de diversos tipos, tamanhos e formatos. Elas podem ser feitas de barro, madeira, pedra, tijolo ou outros materiais.

Todas as pessoas precisam de um lugar para morar, onde possam se abrigar, se alimentar e descansar. Mas infelizmente, em todo o mundo, mesmo nas cidades mais ricas, há pessoas que não têm uma casa e que vivem nas ruas ou em abrigos.

ATIVIDADE

- Agora você vai construir uma casa. Escolha no **Material Complementar** que tipo de casa você quer construir. Cole os adesivos do teto, da porta e da janela. Depois pinte a parede.

a) Que tipo de casa você construiu?

____

____

b) Qual é o nome da rua onde a casa fica?

____

c) Quem mora nessa casa?

____

____

ATIVIDADES DO CAPÍTULO

1. Marque um **X** na ilustração que mostra o que você pode fazer para colaborar com a organização e a limpeza do lugar onde você mora.

Ilustrações: Vicente Mendonça/Arquivo da editora

2. Você e sua casa têm uma história. Responda às perguntas para saber mais sobre ela.

a) Há quantos anos você mora nessa casa?

____

b) Você se lembra de outro lugar onde morou? Do que você se lembra?

____

c) O que você mais gosta de fazer ao chegar em casa?

____

____

____

3. Que tipos de moradia aparecem nas imagens? Marque com um **X**.

a)

Maxal Tamor/Shutterstock/Glow Images

- [ ] Sobrado construído com pedras.
- [ ] Casa térrea construída com pedras.

b)

Zoonar/J Wachala/Easypix Brasil

- [ ] Palafita construída com madeira.
- [ ] Sobrado construído com tijolos.

4. Converse com um adulto que mora com você e responda:

a) Quantos anos tem sua casa?

____

b) Ela tem um ou mais andares?

____

c) De que material ela é feita?

____

d) Quantos cômodos ela tem?

____

CAPÍTULO

11 AS RUAS E OS BAIRROS

O QUE HÁ NAS RUAS?

O que está acontecendo nesta cena?

Evandro Luiz/Arquivo da editora

A ilustração mostra um trecho da rua Pérola. Vemos pessoas, veículos, um supermercado, uma casa e outras construções.

Observe a rua onde você mora e anote no caderno o que você vê na rua e nas calçadas. Por exemplo: casas e prédios residenciais, prédios comerciais (farmácia, padaria, loja, mercado), árvores, sinais de trânsito, pessoas andando a pé (pedestres), ciclistas, carros, ônibus e outros veículos, postes de iluminação, lixeiras.

Você já observou que as ruas, as praças, as avenidas e outros espaços têm nome e que as casas e construções têm número? O nome do espaço e o número da construção servem para identificar e localizar as diferentes construções.

Em geral, as ruas têm nome de pessoas, de animais, de plantas, de lugares. No Brasil muitas ruas têm nome indígena, como rua Tupi e rua Tamoio, por exemplo.

A maioria dos nomes de ruas vem do passado. Por exemplo, a rua dos Estudantes, em Aracaju, recebeu esse nome porque havia muitas moradias para estudantes naquela região.

O nome da rua e o número da construção formam o endereço dessa construção. O Código de Endereçamento Postal (CEP) é um conjunto de oito algarismos que ajuda a localizar esse endereço.

Ricardo Ribas/Fotoarena

Esta placa indica o nome de uma rua em Florianópolis, no estado de Santa Catarina. A placa indica também o bairro (Campeche) e o CEP. Foto de 2015.

ATIVIDADES

1 Leia abaixo o endereço que está no pacote que o carteiro tem nas mãos. Depois circule a casa onde o pacote deve ser entregue.

Rubens Filho/Arquivo da editora

2 Conte aos colegas o que você descobriu ao observar a rua onde mora.

OS BAIRROS

As casas e outras construções estão localizadas em ruas. O conjunto de ruas forma o bairro.

Cada bairro tem suas características. Observe as fotos abaixo e responda: o que há de semelhante e de diferente entre estes bairros?

Rua residencial no bairro Cidade Industrial em Curitiba, no estado do Paraná. Foto de 2015.

Luciana Whitaker/Pulsar Imagens

Bairro comercial em Caruaru, no estado de Pernambuco. Foto de 2015.

Rubens Chaves/Pulsar Imagens

O bairro em que existem mais casas e apartamentos do que prédios comerciais é chamado de bairro **residencial**. O bairro é chamado de **comercial** quando nele existem mais prédios comerciais, como lojas, açougues, bancos, padarias, do que residências.

Nos bairros existem locais – ruas, praças e escolas – que são públicos, ou seja, pertencem a todos. As prefeituras são responsáveis por cuidar dos lugares públicos, mas todos nós, moradores e frequentadores, devemos colaborar também, mantendo-os limpos, preservados e agradáveis.

Muitas construções são importantes para que possamos conhecer mais sobre a vida no passado. Elas são consideradas patrimônios históricos e devem ser preservadas para que outras pessoas também possam conhecê-las no futuro.

patrimônios: riquezas naturais ou culturais de grande valor para uma localidade, uma região, um país ou para a humanidade. Essas riquezas são reconhecidas e protegidas pelos governos ou por instituições e devem ser preservadas.

Edson Grandisoli/Pulsar Imagens

O Pelourinho é um bairro de Salvador, capital do estado da Bahia. Com muitas construções antigas, é considerado um dos patrimônios históricos da humanidade. Foto de 2012.

ATIVIDADE

- Observe a foto de um telefone público, também chamado orelhão, em uma rua de Juazeiro do Norte, no estado do Ceará. Foto de 2015.

  a) O que podemos ver na foto?

  ____

  b) As pessoas conseguem usar esse telefone? Por quê?

  ____

  ____

Rogério Reis/Pulsar Imagens

ATIVIDADES DO CAPÍTULO

1. Vamos conhecer mais sobre a rua e o bairro onde você mora.

a) Responda às perguntas.

- Qual é o nome da rua onde você mora?

____

- Qual é o nome do bairro onde fica essa rua?

____

b) Faça um **X** no que há em seu bairro.

☐ casas	☐ escola	☐ rio
☐ farmácia	☐ biblioteca	☐ praça
☐ mercado	☐ padaria	☐ árvores
☐ posto de saúde ou hospital	☐ ponto de ônibus	

2. Observe a imagem e faça um **X** nos quadrinhos do que é considerado público, ou seja, do que pode ser usado por todos.

Rubens Filho/Arquivo da editora

3. Leia o texto abaixo.

A RUA DO MARCELO

O nome da rua mais o número das casas se chama endereço. O endereço é importante para as pessoas encontrarem a gente e também a gente receber cartas, jornais e até uma *pizza* de vez em quando. [...] As luzes da minha rua ficam nuns postes altos ligados por muitos fios. Os fios estão sempre cheios de fiapos, que são restos de papagaios.

[...] Na minha rua tem a minha casa.

Esse texto faz parte do livro **A rua do Marcelo**, de Ruth Rocha. São Paulo: Salamandra, 2012.

- Por que o endereço é importante? Encontre a resposta no texto e sublinhe-a.

4. Pesquise em jornais, revistas ou na internet notícias ou imagens de problemas da rua ou do bairro onde você mora. Você também pode conversar com adultos em casa sobre esses problemas. Depois faça um desenho ou cole no caderno uma imagem de um dos problemas que você encontrou.

a) Que problema você encontrou?

____

____

b) Por que esse problema prejudica as pessoas?

____

____

c) Converse com os colegas sobre o que poderia ser feito para solucionar esse problema.

ENTENDER O TEMPO HISTÓRICO

RIQUEZAS QUE FALAM DO PASSADO

Quando observamos uma casa antiga, podemos aprender sobre o passado, saber como eram as moradias, que materiais eram usados e até conhecer alguns dos hábitos das pessoas que ali viviam. Por meio de uma construção, podemos entender melhor como era a vida em um tempo em que ainda não havíamos nascido.

Os costumes também são importantes para aprender sobre o passado. Alguns pratos que conhecemos atualmente foram criados há muito tempo. Por meio dessas receitas, é possível saber como os alimentos eram preparados antigamente. Observe as imagens.

Estes bonecos são feitos por indígenas do povo karajá que vivem nos estados de Goiás e Tocantins. São feitos de argila, cinzas e água e pintados com cores e desenhos tradicionais. Representam figuras e cenas do cotidiano e costumes desse grupo indígena. O modo de fazer os bonecos é transmitido de geração em geração e considerado patrimônio cultural do Brasil.

Fabio Colombini/Acervo do fotógrafo

No centro histórico de Antonina, no estado do Paraná, há construções com mais de duzentos anos de existência. A foto mostra a rua Vale do Porto e, ao fundo, a Igreja de Nossa Senhora do Pilar, construída em 1715.

Gerson Gerloff/Pulsar Imagens

Fabio Colombini/Acervo do fotógrafo

O acarajé é um bolinho de massa de feijão-fradinho muito conhecido na Bahia. Em Salvador ele é vendido por baianas que armam seus tabuleiros nas ruas da cidade. A receita do acarajé foi trazida para o Brasil por povos africanos, há mais de trezentos anos. As roupas e os enfeites das vendedoras de acarajé também são uma lembrança dessa época.

Você viu nas imagens alguns lugares e objetos que fazem parte da herança do povo brasileiro e que, por esse motivo, são considerados **patrimônio histórico** pelo governo. Isso quer dizer que são fontes de informações preciosas e devem ser preservados. É obrigação de todos cuidar dessa herança e transmitir esse patrimônio às gerações que virão.

Hans Von Manteuffel/Opção Brasil Imagens

O frevo é um ritmo musical e dançante que teve origem em Pernambuco, há mais de cem anos. Desde 2007 o frevo tem o título de Patrimônio Cultural Imaterial Brasileiro. Na foto, Dia do Frevo (9 de fevereiro) em Olinda, no estado de Pernambuco. Foto de 2015.

CAPÍTULO

12 CASAS E BAIRROS DO PASSADO

AS CASAS DE ANTIGAMENTE

No Brasil, há mais de duzentos anos, as casas eram diferentes das que vemos nos dias atuais. Como eram os móveis e equipamentos? Será que os cômodos eram ocupados da mesma maneira que são hoje? Havia eletricidade, televisão, internet?

Observe as imagens e repare nas semelhanças e diferenças entre elas. Onde estão as pessoas e o que estão fazendo?

Galeria Jacques Ardies, São Paulo, SP.

1

Passando o cafezinho, pintura a óleo feita em 2015 pela artista gaúcha Mara D. Toledo. A pintura mostra uma cozinha que era comum no passado e ainda existe em certos lugares do interior do Brasil.

2

Gustavo di Mario/Stone/Getty Images

Mãe e filha em foto de 2015.

ATIVIDADES

Observe as imagens da página anterior.

1 O que podemos ver na imagem 1? E na imagem 2?

2 Quais são as semelhanças entre as imagens? E as diferenças?

3 Observe as duas imagens abaixo.

Luciana Whitaker/Pulsar Imagens

Moradia em Miguel Pereira, no estado do Rio de Janeiro.

Christyam de Lima/Futura Press

Casa no centro histórico de Mariana, no estado de Minas Gerais.

a) Você já viu casas como a da imagem à esquerda? Onde?

b) Que diferenças você nota entre as duas casas?

- Como são as moradias do bairro onde você mora? Em uma folha avulsa, faça um desenho para mostrar os tipos de moradia que você observa. Depois, mostre seu desenho aos colegas e conte um pouco sobre o que existe no seu bairro.

OS BAIRROS MUDAM

Leia um texto sobre as descobertas de um garoto durante um passeio pelo bairro da Sé, na cidade de São Paulo.

Paulinho viu um predinho antigo, todo branco, com janelas azuis. Ele não pensou duas vezes e correu até lá, onde enxergou uma grande placa que dizia: "Pátio do Colégio – Aqui foi fundada a cidade de São Paulo, em 25 de janeiro de 1554". O garoto entrou no prédio e começou a observar cada detalhe. [...]

O Colégio era todo feito de taipa. Paulinho ainda não sabia o que era taipa, mas aprendeu algumas coisas novas no local, entre elas que taipa é um tipo de parede feita de barro e madeira e que todos os prédios antigos de São Paulo eram construídos assim. Ele percebeu também que o Colégio atualmente é um museu que retrata a fundação da cidade de São Paulo.

"Nossa, faz tanto tempo!", pensou o menino, fazendo as contas na cabeça.

Esse texto faz parte do livro **As descobertas de Paulinho na metrópole**, de Marina Franco. São Paulo: DCL, 2004. p. 8 e 9.

Delfim Martins/Pulsar Imagens

Pátio do Colégio, no centro da cidade de São Paulo. Foto de 2012.

Com o passar do tempo, as ruas e os bairros mudam bastante. Casas antigas são derrubadas para dar lugar a novas construções, ruas e calçadas são modificadas. Novos moradores chegam e outros se mudam.

Essas modificações fazem parte da história do bairro. Podemos conhecer parte dessa história quando observamos uma foto, conversamos com os antigos moradores e andamos pelas ruas do bairro.

ATIVIDADES

1 Observe duas fotos do viaduto do Chá, na cidade de São Paulo, em 1892 e em 2012. Depois escreva três mudanças que ocorreram no local.

Autoria desconhecida/Acervo fotográfico da Divisão de Iconografia e Museus do Departamento do Patrimônio Histórico/SMC/PMSP, São Paulo, SP.

Vista do viaduto do Chá, em São Paulo, em 1892.

Rubens Chaves/Pulsar Imagens

Vista do mesmo viaduto, em 2012.

a) ______________________________

b) ______________________________

c) ______________________________

2 Você conhece a história do seu bairro? Converse com uma pessoa mais velha e peça a ela que fale sobre algumas mudanças ocorridas no bairro. Use os itens abaixo como roteiro e escreva as respostas no caderno.

- Nome do entrevistado
- Idade
- Nome do bairro
- Principais mudanças no bairro

ATIVIDADES DO CAPÍTULO

1. Observe a imagem abaixo e faça um **X** na resposta correta.

   a) O que foi representado?

   ☐ Uma rua com casas, prédios, uma igreja, veículos e pessoas.

   ☐ Uma rua com lojas e um teatro.

   b) O que podemos observar para descobrir se a cena ocorreu no passado ou atualmente?

   ☐ As construções, as roupas das pessoas, os veículos, os objetos.

   ☐ As memórias de algumas pessoas.

Evandro Luiz/Arquivo da editora

2. Quais elementos da ilustração não existiam no passado?

LEITURA DE IMAGEM

VIVER E CONVIVER NA CIDADE

As cidades são espaços de convivência. Tanto em cidades pequenas como em grandes, muitas pessoas dividem a mesma rua, o mesmo bairro, utilizam veículos de transporte coletivo, caminham pelas calçadas e frequentam praças e outros espaços públicos. São espaços e equipamentos que pertencem a todos. Por isso é importante saber usá-los, conservá-los e respeitar o direito das outras pessoas.

OBSERVE

Lindemberg Figueiredo/Agência JCM/Fotoarena

Faixa de pedestres no bairro Santo Antonio, área central do Recife, no estado de Pernambuco. Foto de 2015.

Rivaldo Gomes/Folhapress

Muros grafitados para a Copa do Mundo, em 2014, pichados com tinta branca, na cidade de São Paulo, no estado de São Paulo.

ANALISE

1. Analise a imagem 1.

   a) O que você vê na imagem 1?

   b) Qual é o espaço coletivo mostrado na imagem?

   c) O que indicam as faixas pintadas no asfalto?

   d) Como esse espaço deve ser usado? Por quê?

2. Agora observe a imagem 2.

   a) O que você vê?

   b) A imagem 2 mostra um aspecto de valorização do espaço público: o muro pintado com grafite. Além disso, a imagem mostra uma ação de desrespeito pelo espaço público. Que ação é essa?

   ____

   ____

   ____

   c) Observe as cores e os desenhos feitos pelo artista grafiteiro. Em sua opinião, o que o artista quis transmitir?

   ____

   ____

   ____

RELACIONE

3. Converse com os colegas e o professor sobre as atitudes observadas nas imagens. Depois, em dupla, escrevam no caderno uma frase que mostre como evitar as atitudes inadequadas que vocês observaram.

ENTENDER O TEMPO HISTÓRICO

Leia o relato abaixo para saber como era a Mooca, um bairro da cidade de São Paulo, por volta de 1950.

A Mooca da minha infância

Passei minha infância na Mooca, perto da rua dos Campineiros, onde havia um pasto perto de uma chácara que era por nós conhecido como "campo dos bois". Se não me falha a memória, ficava na rua Itaqueri. No "campo dos bois" a garotada se reunia para jogar futebol, empinar "quadrado", também conhecido como "papagaio", e outras tantas brincadeiras da infância.

Na rua da Mooca, perto de onde eu morava, algumas vezes "aparecia" um parquinho de diversões com roda-gigante, carrossel, tiro ao alvo e algodão-doce. Era a festa da criançada, pois o parquinho significava mais um lugar para se divertir.

Algum tempo depois, acho que no mesmo terreno onde eram montados os parquinhos, foi construído um cinema que viria dar vida nova e movimento àquela parte da Mooca: o "Cine Imperial".

Em quantas matinês de domingo "viajei" na sela de um cavalo ao lado do "mocinho", combatendo os "bandidos", ou dependurado num cipó ao lado de Tarzan e Chita, voando de galho em galho.

O texto **A Mooca da minha infância**, de Alfredo Winkler, está disponível em: <www.portaldamooca.com.br/eu_me_lembro/lembro93a.htm>. Acesso em: 9 nov. 2015. (Adaptado).

matinês: sessões de cinema realizadas à tarde.

Arquivo/Folhapress

Vista do bairro da Mooca, em São Paulo, no ano de 1958.

Você se lembra de acontecimentos da sua vida? Provavelmente sim. É comum recordar fatos de nossa vida, principalmente os que foram importantes para nós.

As pessoas mais velhas têm muitas **memórias** porque viveram mais tempo. Elas podem se lembrar de acontecimentos e lugares dos dias atuais e do passado.

Quando alguém conta suas memórias, está fazendo um **relato**. Os relatos são importantes para conhecer a história de um lugar.

1. O que podemos conhecer quando lemos esse relato?

2. Quem é o autor desse relato?

3. O que o autor quis dizer em: "Se não me falha a memória, ficava na rua Itaqueri"?

- ☐ Ele tem certeza do que aconteceu e do nome da rua.
- ☐ Ele se lembra do acontecimento, mas não tem certeza do lugar em que ocorreu.

4. De acordo com o relato, houve um acontecimento que modificou a rotina das crianças do bairro: a construção do cinema. Antes disso, o que havia naquele lugar?

Fabiana Salomão/Arquivo da editora

LER E ENTENDER

O professor vai ler um poema do autor francês Raymond Queneau. Esse poema foi traduzido para a língua portuguesa por José Paulo Paes, poeta brasileiro que escreveu vários livros para crianças.

- Lendo o título do poema abaixo, o que você imagina? Que imagem lhe vem à mente? Converse sobre isso com os colegas e o professor.

É preciso fazer sinal ao motorista

A senhora esperava o ônibus.
O senhor esperava o ônibus.
Passa um cachorro preto que manca.
A senhora fica olhando o cachorro.
O senhor fica olhando o cachorro.
Nesse meio-tempo o ônibus passou.

Esse texto foi retirado do livro **Ri melhor quem ri primeiro**, de José Paulo Paes. São Paulo: Companhia das Letrinhas, 1998. p. 46.

Angelo Abu/Arquivo da editora

ANALISE

1. Em que esse poema se parece com a letra da canção **Vovô**, que você viu na Unidade 2 deste livro?

☐ O poema e a canção foram escritos em versos.

☐ O poema e a canção têm rima, ou seja, repetição de um som no final de dois ou mais versos.

2. Os personagens do poema perderam o ônibus porque estavam:

- [ ] distraídos.
- [ ] tristes.
- [ ] atentos.

Justifique sua resposta.

____

____

3. Em sua opinião, por que o poema se chama "É preciso fazer sinal ao motorista"?

____

____

____

RELACIONE

4. O poema diz que a senhora e o senhor esperavam o ônibus. Onde eles estavam?

____

5. No poema, o senhor e a senhora observam um "cachorro preto que manca". Em sua opinião, esse cachorro tem dono ou estava abandonado? Por quê?

____

____

6. Essa história poderia acontecer nos dias atuais ou apenas no passado? Explique.

____

____

O QUE APRENDI?

Agora é hora de retomar o que estudamos nesta Unidade. Converse com os colegas e o professor sobre os bairros onde vocês moram. Procurem discutir estas questões:

a) Se você precisasse dizer a uma criança que mora em uma casa de palafita o que a sua casa tem de parecido com a dela, o que você diria?

b) Como é o seu bairro? Ele é comercial ou residencial? Por quê?

c) No Capítulo 12, aprendemos sobre a importância das memórias, ou seja, a lembrança dos fatos que já aconteceram. Você tem memórias da casa em que sua família morava quando você era mais novo? E do bairro, você lembra alguma coisa? Conte aos colegas.

Sérgio Dotta Jr./Arquivo da editora

Na abertura desta Unidade você viu uma grande pintura mural que conta a história do bairro Bela Vista, na cidade de São Paulo. Observe novamente o mural na página ao lado.

Agora é sua vez! No espaço abaixo, faça um desenho bem colorido que represente alguma coisa do bairro onde você mora.

PARA SABER MAIS

LIVROS

Ros Asquith/Ed. SM

Bem-vindo à família!, de Mary Hoffman. São Paulo: Edições SM, 2014.

Você sabia que cada família é de um jeito? Há famílias que esperam o bebê nascer e há famílias que adotam os filhos. Às vezes, duas famílias se unem, formando um grupo bem grande! Com muito humor, este livro valoriza a diversidade de grupos familiares.

Reprodução/Ed. Mundo Mirim

Clic-clic: a máquina biruta de seu Olavo, de Maurício Veneza. São Paulo: Mundo Mirim, 2010.

Seu Olavo é um fotógrafo. Ele adora tirar fotos das pessoas e de todas as coisas que vê. Com este livro, você vai conhecer a história da fotografia e pensar sobre a importância das imagens.

Reprodução/Ed. Positivo

Flavia-flavia: a professora ao contrário, de Luiz Raul Machado. Curitiba: Positivo, 2009.

Flavia-flavia é uma professora diferente. Ela ensina brincando e incentiva o prazer de aprender, dando valor à imaginação. Vamos conhecê-la?

Suzete Armani/Ed. Autêntica

Gente de muitos anos, de Malô Carvalho. São Paulo: Autêntica, 2009.

Com este livro, você vai conhecer o estatuto do idoso e vai entrar em contato com assuntos importantes relacionados às pessoas mais velhas, como saúde, lazer, trabalho e transporte.

Reprodução/Ed. Brinque-Book

Kabá Darebu, de Daniel Munduruku. São Paulo: Brinque-Book, 2002.

Que tal viajar pelas lendas, pelas brincadeiras e pelo cotidiano do povo indígena Munduruku? O menino Kaká Darebu vive em uma aldeia na Amazônia e relata, de forma sensível, o modo de vida de seu povo.

Brandon Reibeling/Ed. Hedra

Meu bairro – pessoas e lugares, de Lisa Bullard. São Paulo: Hedra, 2012.

Um novo morador chega ao bairro da menina Lili. Juntos, fazem um passeio e descobrem muitas coisas interessantes na vizinhança.

Silvana Rando/Ed. Companhia das Letrinhas

Meu vizinho é chato pra cachorro!, de Maria Amália Camargo. São Paulo: Companhia das Letrinhas, 2015.

Quem já ficou irritado com um vizinho? Será que conversando e agindo com respeito e gentileza as pessoas são capazes de resolver as diferenças? Neste livro, você vai conhecer a vida dos moradores de um bairro e vai aprender que, com muito diálogo, podemos, sim, acabar com todas as brigas!

André Persechini/Ed. Fino Traço

O silencioso mundo de Flor, de Cecília Cavalieri França. Belo Horizonte: Fino Traço Editora, 2011.

Flor vivia num mundo de silêncio, pois nascera surda. Mas seria possível sentir e escutar o mundo de outra forma? Flor descobre que sim quando seu amigo Téo apresenta a ela diversos instrumentos musicais: tambor, reco-reco, chocalho... Ao tocar esses instrumentos, Flor aprende a sentir o som e a se divertir com eles.

SITES

<http://meninomaluquinho.educacional.com.br>

Menino Maluquinho

<http://meninomaluquinho.educacional.com.br>

Site dedicado ao Menino Maluquinho, personagem criado pelo artista brasileiro Ziraldo. Há histórias, calendário com a profissão do dia, jogos e passatempos.

<http://neojiba.org>

Orquestras juvenis e infantis

<http://neojiba.org>

Site dos Núcleos Estaduais de Orquestras Juvenis e Infantis da Bahia. Esse programa oferece aulas de música para crianças e adolescentes. Na página principal é possível assistir a apresentações de orquestras e corais.

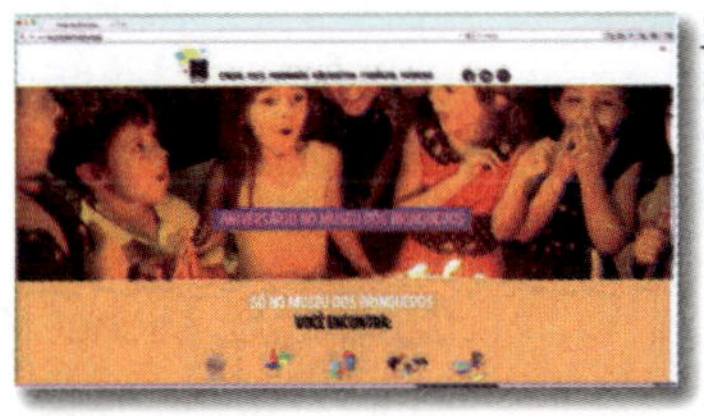
<www.museudosbrinquedos.org.br>

Museu dos Brinquedos

<www.museudosbrinquedos.org.br>

Museu na cidade de Belo Horizonte, no estado de Minas Gerais, que preserva brinquedos antigos. O *site* conta a história dos brinquedos e brincadeiras e ainda ensina a construir alguns deles.

<http://mnba.gov.br/portal>

Museu Nacional de Belas Artes

<http://mnba.gov.br/portal>

Esse museu está localizado na cidade do Rio de Janeiro. Clicando na aba "Coleções" do *site* é possível observar e apreciar obras do acervo (pinturas, desenhos, gravuras, esculturas e fotos).

Acesso em: set. 2015.

CD E DVD

Rproducão/Gravadora Tratore

Lula Canário e Vitória Canário. **Cantigas e cirandas. Melodias para brincar**. (CD). Tratore, 2014.

Este CD apresenta cantigas e cirandas clássicas, conhecidas por pessoas de todas as idades. Acompanhados de violão e violino, os músicos interpretam obras como "Capelinha de melão", "O cravo e a rosa" e "Alecrim".

Reprodução/Gravadora MCD

Tiquequê. **Tu toca o quê?** (DVD). MCD, 2012.

Este DVD traz uma apresentação ao vivo do grupo Tiquequê. Os músicos utilizam instrumentos como violão e cavaquinho. Além disso, fazem batuques com baldes, caixas e criam ritmos com percussão corporal.

BIBLIOGRAFIA

ALMEIDA, José Luís V.; ARNONI, Maria Eliza B.; OLIVEIRA, Edilson M. de. *Mediação dialética na educação escolar*: teoria e prática. São Paulo: Edições Loyola, 2007.

BARTON, Keith. Qual a utilidade da História para as crianças? Contributos do Ensino de História para a Cidadania. In: BARCA, Isabel (Org.). *Para uma educação histórica de qualidade*. Actas da IV Jornada Internacional de Educação Histórica. Minho: Centro de Investigação em Educação (Cied)/Instituto de Educação em Psicologia. 2004.

BITTENCOURT, Circe. *Ensino de História*: fundamentos e métodos. São Paulo: Cortez, 2009.

________. *O saber histórico na sala de aula*. São Paulo: Contexto, 1998.

BLOCH, Marc. *Apologia da História ou O ofício de historiador*. Rio de Janeiro: Jorge Zahar, 2002.

BRASIL. Ministério da Educação. Secretaria de Educação Fundamental. *Parâmetros Curriculares Nacionais*: apresentação dos temas transversais: ética. Brasília: MEC/SEF, 1997.

________. Ministério da Educação. Secretaria de Educação Fundamental. *Parâmetros Curriculares Nacionais*: História, Geografia. Brasília: MEC/SEF, 1997.

________. Ministério da Educação. Secretaria de Educação Fundamental. *Parâmetros Curriculares Nacionais*: meio ambiente, saúde. Brasília: MEC/SEF, 1997.

________. Ministério da Educação. Secretaria de Educação Fundamental. *Parâmetros Curriculares Nacionais*: pluralidade cultural, orientação sexual. Brasília: MEC/SEF, 1997.

BURKE, Peter (Org.). *A escrita da História*: novas perspectivas. São Paulo: Ed. da Unesp, 1992.

CALLAI, Helena Copetti (Org.). *O ensino em estudos sociais*. Ijuí: Ed. Unijuí, 1991.

CERTEAU, Michel. *A escrita da História*. Rio de Janeiro: Forense-Universitária, 1982.

COLL, César; TEBEROSKY, Ana. *Aprendendo História e Geografia*: conteúdos essenciais para o Ensino Fundamental de 1ª a 4ª série. São Paulo: Ática, 2000.

DEL PRIORE, Mary (Org.). *História das crianças no Brasil*. 7. ed. São Paulo: Contexto, 2010.

GRUPIONI, Luís Donisete. *Índios no Brasil*. São Paulo: Global, 2005.

HICKMANN, Roseli Inês (Org.). *Estudos Sociais*: outros saberes, outros sabores. Porto Alegre: Mediação, 2002.

HOBSBAWM, Eric. *Sobre História*. São Paulo: Companhia das Letras, 1998.

HOLANDA, Sérgio Buarque de. *Raízes do Brasil*. 26. ed. São Paulo: Companhia das Letras, 2012.

KARNAL, Leandro (Org.). *História na sala de aula*. São Paulo: Contexto, 2003.

PINSKY, Carla Bassanesi (Org.). *Novos temas nas aulas de História*. São Paulo: Contexto, 2013.

PINSKY, Jaime. *O ensino de História e a criação do fato*. São Paulo: Contexto, 2002.

ROCHA, Rosa Margarida de Carvalho. *Almanaque pedagógico afro-brasileiro*. Belo Horizonte: Mazza, 2006.

SCATAMACHIA, Maria C. M. *O encontro entre culturas*. São Paulo: Atual, 2008.

SIMAN, Lana Mara de Castro. A temporalidade histórica como categoria central do pensamento histórico: desafios para o ensino e a aprendizagem. In: ROSSI, Vera Lúcia Sabongi de; ZAMBONI, Ernesta (Org.). *Quanto tempo o tempo tem!* Campinas: Alínea, 2003.

STRAFFORINI, Rafael. *Ensinar Geografia*. O desafio da totalidade-mundo nas séries iniciais. São Paulo: Anablume, 2004.

VAINFAS, R. História das mentalidades e História cultural. In: CARDOSO, C. F; VAINFAS, R. (Org.). *Domínios da História*: ensaios de teoria e metodologia. Rio de Janeiro: Campus, 1997.

VYGOTSKY, Lev S. *A formação social da mente*. São Paulo: Martins Fontes, 1984.

________. *Pensamentos e linguagem*. São Paulo: Martins Fontes, 2003.

ZASLAVSKY, Susana Schwartz. *Formação inicial de professores de História*: reflexões sobre tempos e espaços na ação didático-pedagógica. Curitiba: Prismas, 2015.

PLACA DE IDENTIFICAÇÃO

VOCÊ VAI PRECISAR DE: COLA E LÁPIS DE COR.

COMO MONTAR: DESTAQUE A FIGURA E COLE AS LATERAIS DE ACORDO COM A INDICAÇÃO.

DOBRE

COLE

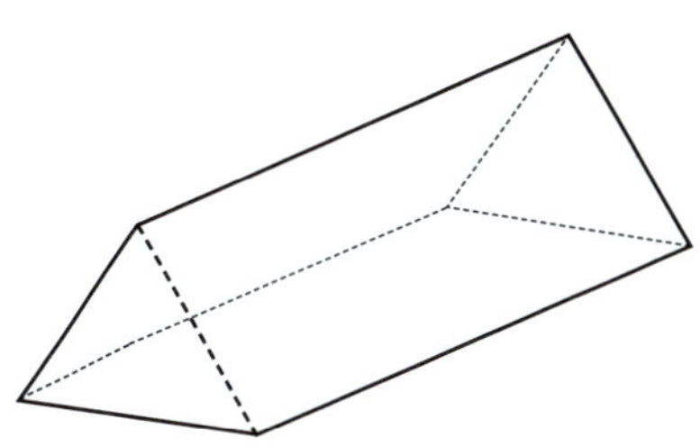

PRISMA DE BASE TRIANGULAR

ATIVIDADE 5 DA PÁGINA 19 DO LIVRO

Cole sua foto aqui

CARTEIRINHA DA TURMA

____

NOME: ______________________________________

SOBRENOME: __________________________________

IDADE: ___________

ATIVIDADE 4 DA PÁGINA 94 DO LIVRO

ESCREVA O SEU TEXTO.

ESCREVA O NOME E O ENDEREÇO DO SEU AMIGO.

FAÇA SEU DESENHO DO OUTRO LADO DO CARTÃO.

BAÚ

ATIVIDADE 4 DA PÁGINA 61 DO LIVRO

VOCÊ VAI PRECISAR DE: COLA.

COMO MONTAR: DESTAQUE A FIGURA E COLE AS LATERAIS DE ACORDO COM A INDICAÇÃO. POR EXEMPLO: **A** COM **A**, **B** COM **B**, E ASSIM POR DIANTE.

DOBRE

COLE

TAMPA

DOBRE

COLE

BAÚ

PARTE TRASEIRA

DOBRE

COLE

COLE M
COLE G
COLE I
COLE E

BAÚ

FRENTE

DOBRE

COLE F
COLE O
COLE J

BAÚ

LADO DIREITO

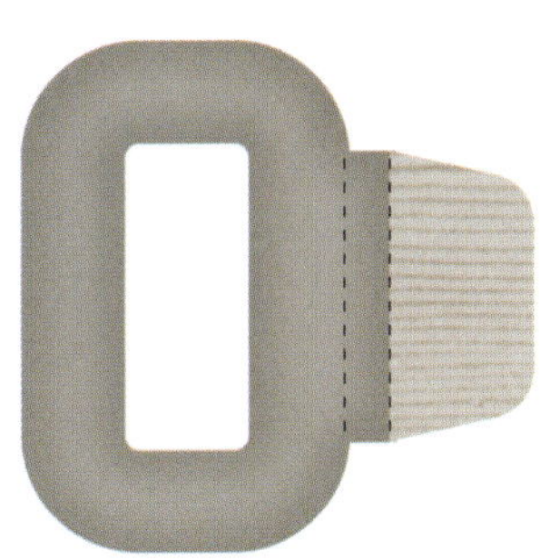

DOBRE

COLE

COLE N
COLE H

BAÚ

LADO ESQUERDO

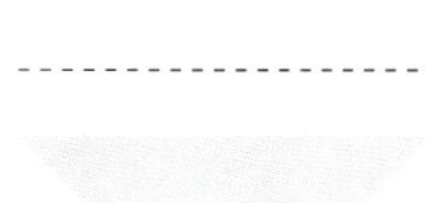

COLE K
COLE L

BAÚ

FUNDO

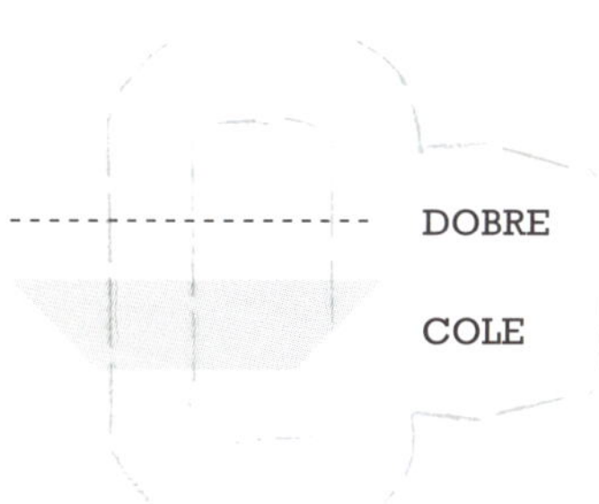

DOMINÓ

ESTE JOGO CONTÉM 28 FICHAS DE DOMINÓ PARA DESTACAR.

NÚMERO DE PARTICIPANTES: 4

REGRAS DO JOGO:

- ESPALHE AS FICHAS SOBRE A MESA, COM AS FIGURAS VOLTADAS PARA BAIXO, E EMBARALHE-AS.
- CADA PARTICIPANTE RETIRA 7 FICHAS.
- TIREM 2 OU 1 PARA VER QUEM INICIA O JOGO. O GANHADOR COLOCA UMA DE SUAS FICHAS NA MESA COM A FIGURA VIRADA PARA CIMA.
- O PRÓXIMO A JOGAR É O QUE ESTÁ À DIREITA DO PRIMEIRO JOGADOR. ELE VERIFICA SE TEM EM SUA MÃO UMA PEÇA QUE COMBINE COM UMA DAS FIGURAS DA MESA. SE TIVER, ELE DEVE JUNTÁ-LA AO PAR. SE NÃO TIVER, PASSA A VEZ PARA O PARCEIRO SEGUINTE.
- ATENÇÃO: É POSSÍVEL COMBINAR FIGURAS DO PASSADO E DO PRESENTE, CONTANTO QUE ELAS MOSTREM A MESMA IMAGEM. ASSIM, VOCÊ PODERÁ COMBINAR FAMÍLIAS, MATERIAL ESCOLAR, LIVROS DIDÁTICOS, ESTUDANTES, RUAS, BRINQUEDOS E CARTAS.
- GANHA QUEM FOR O PRIMEIRO A ENCAIXAR TODAS AS SUAS FICHAS NO JOGO.

JOGO DA MEMÓRIA

ESTE JOGO CONTÉM 16 FICHAS PARA DESTACAR.

NÚMERO DE PARTICIPANTES: 2 OU 3

REGRAS DO JOGO:

- EMBARALHE AS FICHAS COM AS FIGURAS VOLTADAS PARA BAIXO E ESPALHE-AS SOBRE A MESA.
- TIREM PAR OU ÍMPAR (OU 2 OU 1) PARA VER QUEM COMEÇA O JOGO. O GANHADOR VIRA UMA FICHA E DEPOIS OUTRA. SE FORMAREM UM PAR DE FIGURAS, O JOGADOR FICA COM ELAS E VIRA MAIS DUAS FICHAS. SE NÃO FORMAREM PAR, ELE DEVE COLOCÁ-LAS NO MESMO LUGAR, COM AS FIGURAS VOLTADAS PARA BAIXO.
- O PRÓXIMO JOGADOR CONTINUA DA MESMA MANEIRA, ATÉ QUE TODAS AS FICHAS SEJAM RECOLHIDAS.
- VENCE O JOGO QUEM TIVER O MAIOR NÚMERO DE PARES.

DOBRE

COLE

JOGO DA MEMÓRIA

JOGO DA MEMÓRIA	JOGO DA MEMÓRIA	JOGO DA MEMÓRIA	JOGO DA MEMÓRIA
JOGO DA MEMÓRIA	JOGO DA MEMÓRIA	JOGO DA MEMÓRIA	JOGO DA MEMÓRIA
JOGO DA MEMÓRIA	JOGO DA MEMÓRIA	JOGO DA MEMÓRIA	JOGO DA MEMÓRIA
JOGO DA MEMÓRIA	JOGO DA MEMÓRIA	JOGO DA MEMÓRIA	JOGO DA MEMÓRIA

DOMINÓ

DOMINÓ	DOMINÓ
DOMINÓ	DOMINÓ
DOMINÓ	DOMINÓ
DOMINÓ	DOMINÓ
DOMINÓ	DOMINÓ
DOMINÓ	DOMINÓ
DOMINÓ	DOMINÓ

DOMINÓ

DOMINÓ

DOMINÓ

DOMINÓ

DOMINÓ

DOMINÓ

DOMINÓ

DOMINÓ

DOMINÓ

DOMINÓ

DOMINÓ

DOMINÓ

DOMINÓ

DOMINÓ

ATIVIDADE 2 DA PÁGINA 29

ATIVIDADE 2 DA PÁGINA 55

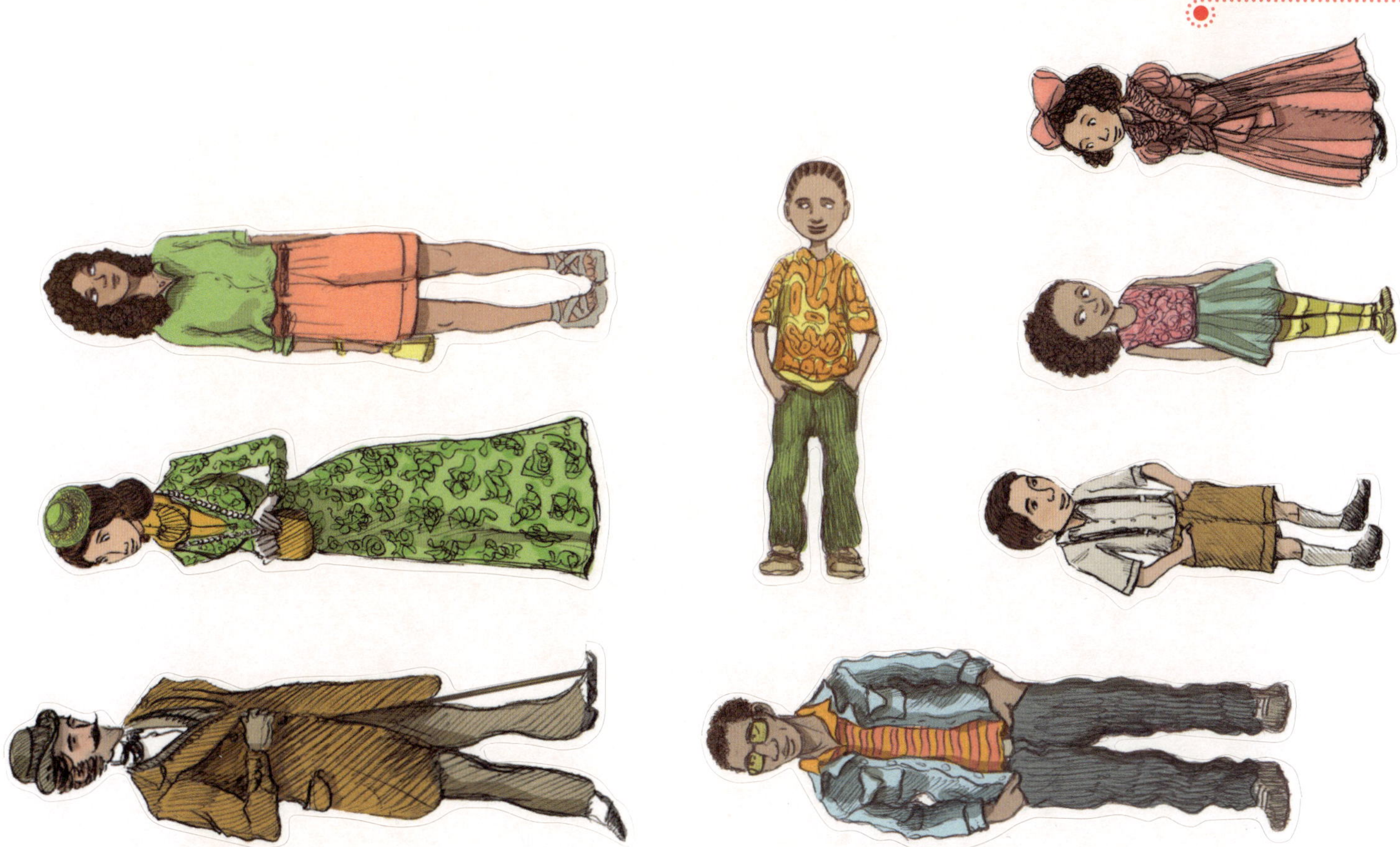

ATIVIDADE 4 DA PÁGINA 89

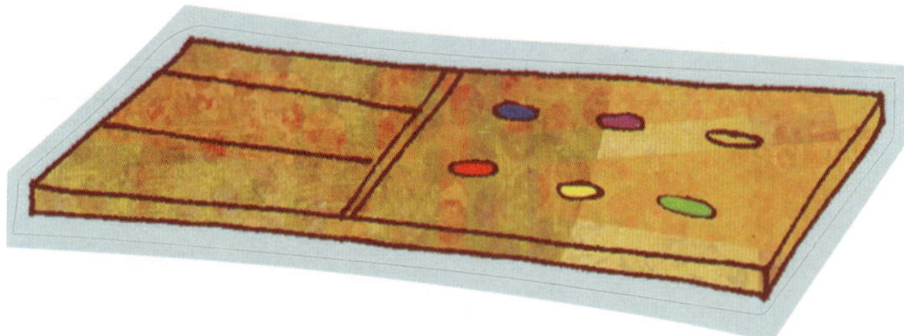

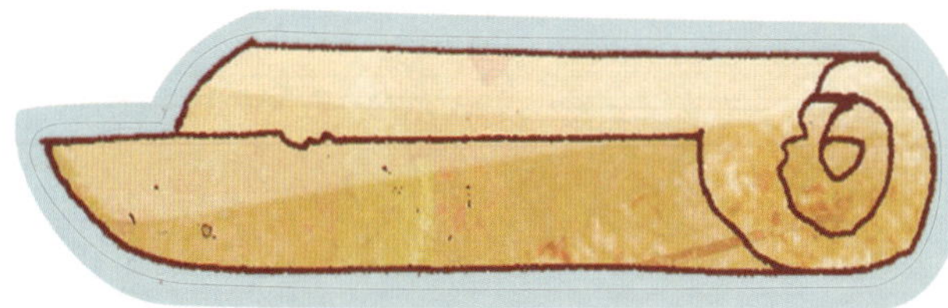

ATIVIDADE DA PÁGINA 101

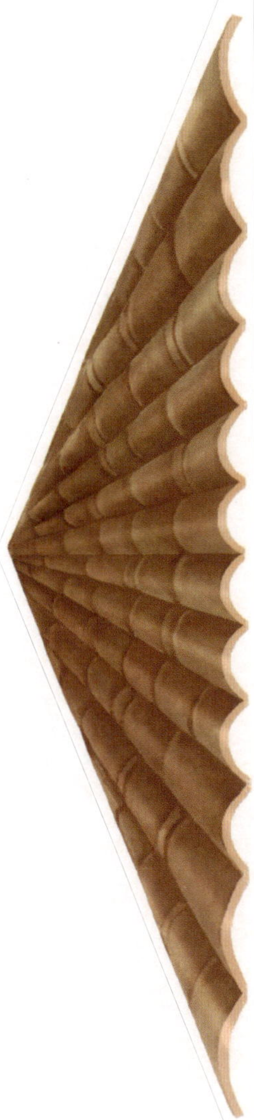

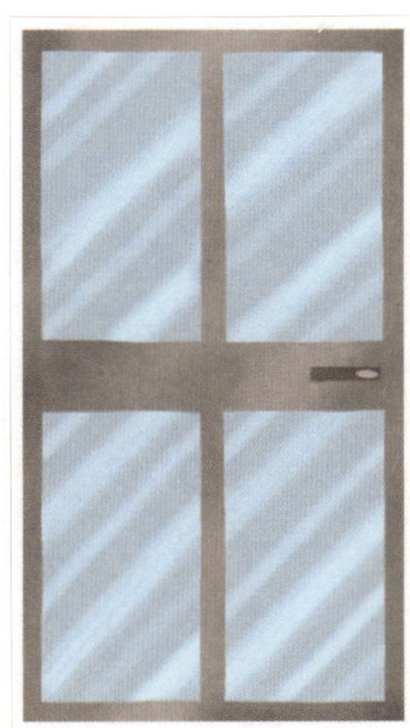